TOULOUSE
MIDI-PYRÉNÉES

BIENVENUE - WELCOME - BIENVENIDOS

EDITIONS
TOULOUSE MODE D'EMPLOI

Toulouse,

la façade de l'hôtel de Pierre

récemment rénové

Toulouse, le jardin des Plantes

Préface

preface • prólogo

Midi, pour le Sud de la France, mot si délicieusement annonciateur de toute la chaleur des amitiés et des accents, de l'abondance des richesses de la terre, des plaisirs de la table, de la douceur de vivre,
Pyrénées, pour le massif majestueux qui borne la région, tout à la fois ouvert et inacessible comme les habitants de cette terre, les grandes heures de l'Histoire et le patrimoine s'en portent maintes fois témoins,
Toulouse, joliment évoquée par Robert Mesuret comme... *une vivante qui plaît aux voyageurs par l'accueil de ses habitants comme par l'animation de ses rues*..., si riche et si complexe qu'une simple description n'y peut suffire,
Bienvenue, qui vous accueille et vous invite à la découverte de ce pays en vous donnant les premières pistes et les premières clefs de cette fantastique chasse aux trésors.

The name of our region, Midi-Pyrénées, conveys a host of feelings, ideas and associations. Firstly, Midi means the south of France. It hints at the friendly atmosphere you're likely to find and the pronounced cultural differences that subsist, with the strong accent, the wealth of farmhouse products, the pleasures of good-eating and a pleasant lifestyle.
Pyrénées for the majestic mountain range bordering France and Spain that lies south of the region. The Pyrenees have historically been a point of transit open to the traveller and, at times, an inaccessible barrier. Many major historical events provide examples of this ambivalence which characterises the outlook of the inhabitants even today.
Toulouse has been rightly described as a lively city. *A city that pleases the traveller by the welcome of its inhabitants as also by the liveliness of its streets*. There is here a wealth and complexity a mere description would be inadequate to convey.
Welcome. We hope that what follows will help you discover the region, giving you lines of investigation for what promises to be a real cultural treasure hunt.

Midi, para designar el sur de Francia, palabra deliciosamente anunciadora de todo el calor de la amistad y del acento típico de la zona, de la abundancia de las riquezas de la tierra, de los placeres de la buena mesa y de la calidad de vida,
Pirineos, para los montes majestuosos que ornan el sur de la Región, a la vez abiertos e inaccesibles como sus habitantes, los momentos más importantes de la Historia y del patrimonio lo demuestran continuamente,
Toulouse, tan justamente descrita como « *una ciudad con mucha vida que gusta a los viajeros tanto por la acogida de sus habitantes como por los espectáculos en las calles* », tan rica y tan compleja que una simple descripción no basta,
Bienvenida, porque le acoge con los brazos abiertos y le invita a descubrir este país dándole las primeras pistas y las primeras llaves de esta increíble búsqueda de los tesoros.

Sandrine Banessy

sommaire

contents • sumario

Préambule

foreword • preámbulo

Parmi toutes les richesses de Toulouse et de Midi-Pyrénées, des architectures, des traditions et des faits marquants se révèlent si spécifiques que nous les retrouverons en fil rouge tout au long de cet ouvrage : tels les chemins de Saint-Jacques, la langue d'oc, le catharisme et la trop tristement célèbre Croisade des Albigeois...
Parties intégrantes de notre Histoire et de notre terre, il nous paraît intéressant de vous en livrer les premiers éléments et premières explications pour vous aider à mieux les comprendre au cours de la consultation de cet ouvrage.

The wealth of history, tradition and architectural styles is strongly felt in Toulouse and the Midi-Pyrénées region. The following work will constantly refer back to these outstanding events and themes, with the Santiago de Compostela pilgrimage route, the Cathar religion, the sad story of the Albigensian Crusade, the Occitan language and so on. They all form part of our heritage. Here we provide you with a few insights and explanations to help you understand the region better.

De entre todas las riquezas que poseen Toulouse y Midi-Pyrénées, existen acontecimientos especiales, tradiciones y obras arquitectónicas tan específicas que las encontraremos a lo largo de este libro, como los Caminos de Santiago, el Catarismo, la tristemente célebre Cruzada de los Albigeois y la lengua de Oc.
Parte inherente de nuestra Historia y de nuestra tierra, libramos aquí los primeros elementos y las primeras explicaciones para ayudarle a entenderlos mejor y a encontrarlos mientras consulta esta obra.

Allégorie de la Région du Languedoc par François Lucas, XVIIIe siècle, portes de l'octroi de Saint-Cyprien à Toulouse.

Pèlerinage de Saint-Jacques-de-Compostelle

The Pilgrimage to Santiago de Compostela • Peregrinaje de Santiago de Compostela

Depuis le IXe siècle, la foi l'emporte sur les mystères de la réelle présence en Espagne du corps de saint Jacques : fidèle compagnon du Christ, il fut un des premiers à en mourir en Terre Sainte. Un ange aurait emporté son corps jusques aux côtes galiciennes à bord d'un bateau miraculeux.

Le pèlerinage qu'il suscita à partir du XIe siècle verra des cohortes de marcheurs traverser l'Europe. Avant de se rejoindre à Puente La Reina (Espagne), deux des principaux chemins de Saint-Jacques-de-Compostelle, récemment classés au Patrimoine mondial de l'humanité par l'UNESCO, traversent Midi-Pyrénées : la Via Podiensis, la voie la plus ancienne, va du Puy-en-Velay à Roncevaux et la route d'Arles traverse Toulouse avant de passer au Somport. Nombreux bâtiments, monastères et hôpitaux témoignent du passage des milliers de pèlerins. Les routes du pèlerinage bénéficient actuellement d'un nouvel engouement.

Since the 9th century, faith credited the idea that the body of Saint James, one of Jesus Christ's most faithful companions and one of the first to die a martyr's death in the Holy Land, was to be found in Spain, having crossed the sea to the Galician coast aboard a boat steered by an angel. Rediscovered by a hermit, the pilgrimage it led to from the 11th century was to see hordes of walkers crossing Europe. Before reaching Puente La Reina (Spain), two of the main Santiago de Compostela pilgrimage routes (recently given the status of world heritage by Unesco) pass through many places of interest, the stopping points for the pilgrims. The Midi-Pyrénées region is crossed by both routes, the Via Podiensis , which is the oldest, going from Puy en Velay to Roncevaux, legendary site of the hero Roland's last battle, and the Arles route which crosses Toulouse before going through the Somport mountain pass. Many buildings, including monasteries and hospitals, bear witness to the spiritual fervour of those times and there now is a considerable renewal of interest for these sites.

Desde el siglo IX, la fe, más fuerte que los misterios que envuelven la historia sobre la verdadera presencia en España del cuerpo de Santiago, uno de los más fieles compañeros de Cristo y uno de los primeros en morir martirizado en Tierra Santa, da como explicación que su cuerpo habría atravesado los mares hasta arrimar en las costas de Galicia a bordo de un barco llevado por un ángel. Puesto de moda por una ermita, el peregrinaje que suscitó a partir del siglo XI vio cohortes de caminantes atravesar Europa. Antes de unirse en Puente La Reina, dos de los principales caminos de Santiago de Compostela, recientemente nombrados Patrimonio Universal de la UNESCO y llenos de etapas para los miles de peregrinos, atraviesan Midi-Pyrénées: la Via Podiensis, la vía más antigua que va de Puy en Velay hasta Roncesvalles, y la Ruta de Arles que atraviesa Toulouse antes de pasar por Somport. Numerosos edificios, monasterios y hospitales atestiguan este fervor que hoy en día goza de un nuevo empuje.

Jardins du palais de la Berbie, Albi

Bastides ou villes nouvelles du XIe et XIVe siècles

The fortified villages and new towns of the 11th to 14the centuries • Ciudades fortificadas o ciudades nuevas desde el siglo XI hasta el XIV

Tout au long des promenades dans le Sud-ouest, en grandes villes ou petites cités, régulièrement le terme de « bastide » est évoqué : on trouve ici description d'un nouvel urbanisme et du développement territorial médiéval. Villes neuves créées de toutes pièces, elles ont eu la particularité de s'établir sur un plan régulier, si le terrain le permettait, organisé autour d'une place centrale bordée d'arcades. Ce développement tissa un réseau important de bourgs et de bourgades dans toute la région. Destinées au négoce des produits de la paysannerie, nombres d'entre elles furent plus tard fortifiées pour résister à partir du XIIIe aux guerres incessantes contre les Anglais. Plus de 300 sont dénombrées en Midi-Pyrénées, aussi ne peut-on les énumérer toutes. Mais parmi les plus célèbres, il faut compter Mirepoix, Grenade, Cologne, Marciac, Revel, Rabastens-de-Bigorre, Cordes-sur-ciel et tant d'autres.

Grenade

The term 'bastide' recurs frequently throughout the south-west, whether for large cities or small towns. The word was used to describe a new form of urbanism and the mediaeval territorial development. These were completely new towns or towns that developed around the new fortified places or castelnaus (new castles). They were built to a regular plan where the terrain so allowed, organised around a central square surrounded by arcades. This development wove a major web of small market towns and villages throughout the region. They were used to trade farm produce and many of them were later fortified from the 13th century onwards to resist the endless wars between the French and the English and, especially in the plains, to afford protection to the peasantry. More than 300 can be counted in Midi-Pyrénées. Among the best known are Mirepoix, which has outstanding and extremely well-preserved wooden carvings on the arcades, Grenade, Cologne, Marciac, Revel, Rabastens de Bigorre and Cordes-sur-Ciel.

Durante los largos paseos que realizará en el sudoeste, ya sea cuando pase por grandes ciudades o ciudades más pequeñas, verá muy a menudo la palabra « *bastide* » escrita en paneles: es la descripción de un nuevo urbanismo y de un desarrollo territorial medieval. Estas ciudades nuevas creadas de principio a fin, o para realizar ciertos cambios de castelnaux (nuevos castillos), se caracterizan por situarse en planos regulares, si el terreno lo permitía, y por organizarse alrededor de una plaza central bordeada de arcadas. Este desarrollo tejió una red importante de caseríos y pequeños pueblos en toda la región. Basados en el comercio de productos agrícolas, muchos fueron más tarde fortificados para resistir a partir del siglo XIII a las guerras incesantes contra los Ingleses. Existen más de 300 en Midi-Pyrénées, y es imposible enumerarlos todos. Pero de los más conocidos, hay Mirepoix, cuyos pasajes cubiertos son excepcionales tanto por su estado de conservación como por la importancia de la construcción, Grenade, Cologne, Marciac, Rabastens-de-Bigorre, Revel, Cordes-sur-ciel y muchos más.

Sarrant

Langue d'oc et troubadours

The Langue d'Oc and the Troubadours • Lengua de oc y trovadores

La France du IXe siècle était coupée en deux et une frontière infranchissable était établie par les deux langues utilisées de part et d'autre. Oc et oil, deux mots pour dire « oui ». Le Nord, siège de la Couronne de France, gouvernait, éditait les lois et jugeait dans la langue d'oil. Le Sud indépendant parlait, travaillait, mais aussi chantait et rimait dans la langue d'oc, qui regroupait plusieurs grands dialectes, le languedocien, le gascon, le limousin, l'auvergnat et le provençal. L'intégration du Languedoc au Royaume de France fut concrétisée par l'imposition pour les textes officiels de la langue d'oil, devenue au fil du temps le français actuel.
Langue des troubadours, sept toulousains décidèrent de maintenir la tradition de poésie courtoise de la langue d'oc et créèrent en 1323 le Consistoire du gai savoir ou *gaï saber*. Plus ancienne société littéraire d'Europe, Louis XIV l'érigea en académie, dite des Jeux Floraux. Elle remet chaque 3 mai, des fleurs d'orfèvrerie comme prix de son concours poétique et des lettre de « Maître es Jeux ». Parmi les lauréats célèbres de ce concours encore perpétué de nos jours, on peut citer Ronsard, Voltaire, Fabre d'Eglantine, Chateaubriand, Hugo, Frédéric Mistral...

France at that time was divided into two distinct linguistic entities, known as the langue d'Oc and the langue d'Oil for the two ways of saying 'yes'. The North, seat of the French crown, governed, made laws and passed judgement in the langue d'Oil . The independent South spoke, worked but also sang and rhymed in the langue d'Oc that included several great dialects, the Languedocien, Gascon, Limousin, Auvergnat and Provençal. Integration of Languedoc within the French Kingdom was made concrete with the langue d'Oil becoming the language for official documents. Over time it became the official French language.

The langue d'Oc was the tongue of the troubadours and the courtly love tradition of the 12th and 13th centuries. With French domination firmly established and the end of the civilisation that nurtured this remarkable humanist culture, seven cultivated inhabitants of Toulouse decided to try and keep the tradition of courtly poetry alive and in 1323 they set up the Consistoire du gai savoir or gaï saber , the oldest literary society in Europe. Louis XIV turned it into the Académie des Jeux Floraux which, every 3rd May, awards flowers wrought by jewellers as prizes for a poetic contest. Among the famous laureates to win this contest, which still exists today, we could mention Ronsard, Voltaire, Chateaubriand, Hugo, Fabre d'Eglantine and Frédéric Mistral.

La Francia de entonces estaba cortada en dos y la frontera infranqueable era la de los dos idiomas utilizados en parte y otra de la frontera, Oc y Oíl, dos palabras para decir « sí ». El Norte, sede de la Corona de Francia, gobernaba, dictaba leyes y juzgaba en idioma Oíl. El Sur independiente hablaba, trabajaba, cantaba y escribía poesías en lengua de Oc, que agrupaba varios de los dialectos más importantes, el Languedociano, el Gascón, el Limusino, el Auvergnat y el Provenzal. La integración de la región del Languedoc al Reino de Francia se concretizó con la imposición de la Lengua de Oíl en los textos oficiales, y al cabo del tiempo se ha vuelto el idioma francés de hoy. Lengua de los trovadores y del amor cortés, siete habitantes de Toulouse decidieron mantener viva la tradición de la poesía cortés y crearon en 1323 el Consistorio del feliz saber o *gaï saber*, la sociedad literaria más antigua de Europa. Luís XIV la cambió en Academia de los Juegos Florales que, cada 3 de mayo, otorga flores de orfebrería como regalo del concurso poético y « *Maître ès Jeux* » . De entre los laureados más célebres de este concurso que todavía existe, se pueden citar Ronsard, Voltaire, Chateaubriand, Hugo, Fabre d'Eglantine (Eglantine es el nombre de la flor de gavanza que le fue otorgada en el concurso) y Frédéric Mistral.

Cathares et Croisade des Albigeois

The Cathars and the Albigensian Crusade • Cátaros y cruzadas de los albigueses

Au XIIe siècle, le prédicateur Pierre de Bruys propage dans le Midi le catharisme, ancienne hérésie orientale issue du manichéisme, reposant sur la séparation du Bien et du Mal. Dans le souci de résister aux tentations du monde, son église se composait seulement de quatre évêques, ses fidèles se partagaient entre Parfaits, à l'idéal ascétique, et Croyants, simples fidèles. Leur unique sacrement était le Consolamentum. Ouvertement opposé aux fastes et à la corruption de l'Eglise, le catharisme fut décrété hérésie au concile de Tours en 1163. Le détonateur de son effroyable répression fut l'assassinat du légat du Pape en 1208. Alors fut décidée la seule croisade en terre chrétienne, plus connue comme *Croisade des Albigeois*, menée par les barons du Nord, Simon de Monfort à leur tête. Malgré la résistance farouche de Toulouse et l'intervention du roi Pierre Ier d'Aragon à la bataille de Muret où il laissa la vie, deux croisades vinrent à bout du Languedoc. Après la guerre suivirent les terribles années de l'Inquisition, instaurée hélas dans notre région. S'il fallut attendre 1250 pour marquer la victoire de l'Église, le royaume de France scella le rattachement du Comté de Toulouse à la Couronne, dès 1229, par le mariage de la comtesse Jeanne de Toulouse avec Alphonse de Poitiers, neveu du Roi de France.

In the 13th century, the preacher Pierre de Bruys spread the message of Catharism in the Midi. This belief, which had its origins in the east, was a Manichean dualist doctrine. Determined to resist the temptations of the material world, its church had just four bishops and the faithful were made up of the 'perfect', devoted to a life of asceticism, and the ordinary believers. The only religious rite was the Consolamentum. Overtly opposed to the ostentation and corruption of the Roman Church, Catharism was declared to be a heresy at the Council of Tours in 1163. The event that triggered its savage repression was the assassination of the Papal Legate in 1208. What ensued was the first true crusade in Christian lands, known as the Crusade against the Albigensians. It was led by barons from the north of France, Simon de Monfort (father of the Simon who was to lead the barons'revolt in England) at their head. Despite the fierce resistance put up by Toulouse and the intervention of King Pedro II of Aragon at the Battle of Muret where he was killed, two crusades brought Languedoc to its knees. Then after the war came the terrible years of the Inquisition. The last pocket of resistance was extirpated in 1244 with the holocaust of the Cathars burnt at the stake at Montségur. The French royalty finally sealed complete allegiance from the Counts of Toulouse through the marriage of Jeanne of Toulouse with Alphonse of Poitiers in 1229.

Albi, cathédrale Sainte-Cécile

En el siglo XII, el predicador Pierre de Bruys propaga en el Midi el catarismo, herejía oriental, proveniente del maniqueísmo. En un afán por resistir a las tentaciones de este mundo, su iglesia se componía únicamente de cuatro obispos, y los fieles se dividían en Perfectos, con un ideal ascético, y Creyentes, simples fieles. Contrario a los fasto y a la corrupción de la Iglesia, el catarismo fue decretado herejía en el concilio de Tours en 1163. Lo que desencadenó la terrible represión fue el asesinato del legado pontificio del Papa en 1208. Así empezó la única cruzada en tierra cristiana, más conocida bajo el nombre de Cruzada contra los Albigueses, encabezada por los barones del Norte, y en especial por Simón de Monfort. A pesar de la increíble resistencia de Toulouse y la intervención del rey Pierre II de Aragón en la batalla de Muret donde murió, dos cruzadas acabaron con el Languedoc. Tras la guerra vinieron los terribles años de la Inquisición que fue creada, por desgracia, en nuestra región. Si se tuvo que esperar hasta el año 1244 con el holocausto de los cátaros sobre la hoguera de Montségur para celebrar la victoria de la Iglesia, el reino de Francia selló la cesión del Condado de Toulouse a la Corona con la boda de Juana de Toulouse y Alfonso de Poitiers en 1229.

Midi-
Pyr

énées

Grande comme une fois et demie la Belgique, Midi-Pyrénées est la région la plus vaste de France : 45 348 km² de superficie. Constituée de 8 départements, elle compte 2 548 500 habitants.

Tourisme et Sports :

18 stations thermales
29 stations de sports d'hiver
30 terrains de golf
74 centres équestres
1 600 hôtels
2 500 km de rivières et torrents
6 000 km de sentiers balisés
1 million d'hectares de forêts

Midi-Pyrénées is the largest region in France, covering over 45,000 km² (28,000 square miles). It is made up of 8 *départements* (counties) and has 2, 548,500 inhabitants.

Tourism and Sports

18 spas
29 ski resorts
30 golf courses
74 riding stables
1,600 hotels
2,500 km of streams and rivers
3,750 miles of signposted walking paths
24,700,000 acres of forestry

Grande como una vez y media Bélgica, Midi-Pyrénées es la región más ancha de Francia (45 348 km2 de superficie). Constituida por 8 departamentos, cuenta 2 548 500 habitantes.

Turismo y Deportes :

18 estaciones termales
29 estaciones de deportes de invierno
30 terrenos de golf
74 centros equestres
1 600 hoteles
2 500 km de ríos y torrentes
6 000 km de senderos habilitados
1 millón de hectáreas de bosque

Souillac
Padirac
AURILLAC
Rocamadour
Gourdon
Lot
N. 140
Truyère
MONTS D'AUBRAC
Laguiole
QUERCY
N. 20
Figeac
Entraygues
Conques
Pech Merle
CAHORS
St-Cirq-Lapopie
Villefranche-de-Rouergue
Belcastel
RODEZ
Aveyron
N. 88
Gorges du Tarn
ROUERGUE
Najac
Montpezat-de-Quercy
A 20
Gorges de l'Aveyron
Viaur
Lac de Pareloup
St-Antonin-Noble-Val
Aveyron
Millau
SEGALA
Cordes
Forêt de Grésigne
N. 9
MONTAUBAN
ALBI
Roquefort-Sur-Soulzon
Gaillac
Tarn
N. 88
ALBIGEOIS
Sylvanès
ONTONNAIS
Forêt de Buzet
A 68
Tarn
N. 112
SIDOBRE
Agout
Lacaune
Castres
Lac de Laouzas
TOULOUSE
Lac de la Raviège
LAURAGAIS
PARC NATUREL REGIONAL DU HAUT-LANGUEDOC
Mazamet
Revel
Bassin de St-Férréol
N. 20
Canal du Midi
Castelnaudary
Ariège
CARCASSONNE
Rieux-Volvestre
A. 61
Pamiers
Le Mas-d'Azil
Mirepoix
PAYS D'OLMES
Ariège
FOIX
Montségur
Tarascon-sur-Ariège
Ussat
Les Monts d'Olmes
Lombrives
Ascou-Pailhères
Guzet
Beille
Ax-les-Thermes
Bonascre
PERPIGNAN

Dès les premières heures de l'humanité, les hommes ont trouvé refuge et inspiration dans ce pays farouche. Les Pyrénées, présentes sur une grande partie du département, sont percées de mille grottes, simples cavités naturelles ou cavernes gigantesques, parfois reliées entre elles par de souterrains réseaux, certaines habitées dès les premiers âges. Si elle livre les secrets des peintures rupestres, l'Ariège préserve jalousement des trésors dans les flancs de ses montagnes. Pendant que certains arrachent aux rivières aurifères des pépites brillantes, nombreux sont les chercheurs du fameux trésor cathare, jamais retrouvé à ce jour et d'autant plus convoité que le Saint Graal en serait, d'après la légende, la pièce la plus précieuse. Terre d'asile pour les hommes qu'elle accueille, de pitons inaccessibles elle fait des forteresses, comme Montségur. Construite sur le mont Barthélemy, haut lieu de la résistance cathare, cette citadelle du vertige en connut les heures les plus effroyables : en 1244, périrent 205 cathares lors du terrible bûcher dressé dans le champs désormais appelé « *prats des crémats* ». Du Pays d'Olmes aux frontières du Couserans, de festivals de musique en spectacles de marionnettes et journées médiévales, le voyage dans le temps s'effectue de Mirepoix à Saint-Lizier. Mais les plaisirs de la nature sont aussi très présents : le noir Mérens, petit cheval des montagnes ariégeoises, délaissant les travaux des champs, est devenu le compagnon de tous pour les randonnées. De lacs en cascades, les rivières serpentent à l'abri des frondaisons, royaume secret des pêcheurs à la mouche.

People have found refuge in the untamed countryside and mountains of the Ariège département since prehistoric times, the vast underground cave networks providing shelter from both natural, animal and man-made threats. The Pyrenean Prehistoric Park at Tarascon is a good place to start visits to the area. Castles and fortresses were built on inaccessible jagged rocky summits here, like Montségur where the last

Ariège

Le Mas-d'Azil

Foix, le château de Gaston Phœbus

Mirepoix, la galerie des Couverts

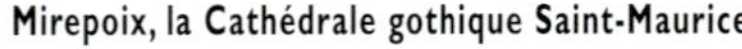

Mirepoix, la Cathédrale gothique Saint-Maurice

Cathars were burned to death and where, to this day, some believe the Holy Grail to be buried. Visit the area on foot or on the sturdy black Merens ponies; from fly-fishers to waterfall gazers, bird watchers in summer to snow-shoed ramblers in the winter, the Ariège is a perfect destination for all lovers of nature.

Desde los orígenes de la humanidad, los hombres han encontrado refugio e inspiración en este país salvaje. Agujereado por grutas, múltiples, gigantescas o moradas de tiempos remotos, el Ariège libra los secretos de las pinturas rupestres en su Parque Pirineaico del Arte Prehistórico. De crestas inaccesibles hace fortalezas, como la de Montségur, ciudadela donde los Cátaros murieron en la hoguera y que está impregnada por el Santo Grial, que la leyenda incluye a su tesoro, jamás encontrado aún. A pie o a lomos del caballo negro de Mérens, pescadores o simples excursionistas, lagos o cascadas, invierno como verano, los Pirineos del Ariège son fuente de mil placeres para los amantes de la naturaleza.

Montségur, la forteresse cathare

Entrée de la grotte de Niaux

L'Art Préhistorique

L'Ariège recèle un patrimoine unique en habitations préhistoriques aux parois décorées d'émouvants témoignages de la vie quotidienne et de la faune des premiers âges. Le Parc Pyrénéen de l'Art Préhistorique en est une présentation interactive avec une reconstitution de la splendide grotte de Niaux, des ateliers d'initiation aux techniques préhistoriques. Du Mas-d'Azil à Lombrives, ce voyage au cœur de l'aube de l'humanité se révèle d'autant plus étonnant à l'arrivée du IIIème millénaire.

The Ariège department conceals a unique heritage of prehistoric dwelling places whose walls are decorated with moving pictorial accounts of daily life and the animal wild-life of those ages. The *Parc Pyrénéen de l'Art Préhistorique* provides an interactive presentation thereof with a reconstitution of the splendid grotto of Niaux and workshops to let you learn about prehistoric techniques. From the Mas-d'Azil to Lombrives, this trip to the heart of Man's beginnings is all the more astonishing as we enter the third millennium.

El Ariège recela un patrimonio único en materia de lugares prehistóricos, con paredes decoradas de magníficas frescas testimonio de la vida cotidiana en esa época y de la fauna en tiempos remotos. El Parque Pirineico del Arte Prehistórico es una presentación interactiva con la reconstitución de la espléndida gruta de Niaux y talleres de iniciación a las técnicas prehistóricas. Desde el Mas-d'Azil hasta Lombrives, este viaje al alba de la humanidad es tanto más apasionante como que estamos a un paso del tercer milenario.

Chemin des traces, Parc Pyrénéen de l'Art Préhistorique

Grotte de Niaux, peintures rupestres

Aveyron

Des Causses au monts d'Aubrac, cette terre sauvage offre des paysages étranges à nuls autres pareils. Haut lieu de la chrétienté médiévale, elle fut traversée par des milliers de pèlerins sur les routes de Saint-Jacques-de-Compostelle. Au croisement de la *Via Podiensis* et du *Chemin des Causses au Piémont*, Conques devint une étape majeure pour ces pèlerins ou *coquillards*. Chef-d'œuvre d'art roman, son abbatiale Sainte-Foy, récemment enrichie des vitraux de Soulages, abrite un trésor remarquable : la plus belle collection actuelle d'orfèvrerie religieuse du IXe au XVIe siècle, précieusement conservée par les villageois, au travers des guerres et des pillages. La curiosité nous pousse vers Villefranche-de-Rouergue, fondée en 1252 par le frère de Saint Louis, bastide ayant conservé son plan originel et la place Notre-Dame, puis vers Najac, à l'aplomb des gorges de l'Aveyron, où le village s'étire au pied de la forteresse royale. Mais l'Aveyron recèle bien d'autres trésors issus de la nature - 2 200 variétés de plantes dont la gentiane à l'amertume recherchée, des sites spéléologiques fantastiques - et fruits du travail des hommes, comme les gants de Millau, le couteau de Laguiole, le Roquefort…

La fin du mois de mai fête toujours la transhumance des bovins vers l'Aubrac et il n'est pas rare d'être invité dans un *buron*, ancien abri rustique de bergers, à la dégustation de l'aligot, plat traditionnel à base de tomme fraîche.

The Aveyron is a countryside *département*, less built up today than in the Middle Ages, when thousands of pilgrims from all over Europe crossed the wild moors from hilltops to valleys on their way to Compostella. Two major pilgrim

Aveyron

Conques, l'Abbaye bénédictine de Sainte-Foy

Najac, les ruines du château

routes merged at the village of Conques, a masterpiece of Romanesque architecture: St Foy abbey still displays a wealth of religious treasures, recently enriched with stain-glass windows by Soulages.
The Aveyron's heritage is mainly natural however, with 2,200 plant varieties and fantastic potholing sites; not forgetting man's contribution to making gloves at Millau, knives at Laguiole and the World-famous Roquefort cheese.

Sede de la cristianidad medieval, esta tierra salvaje con paisajes asombrosos fue atravesada por miles de peregrinos dirección Santiago de Compostela. En el cruce de la «*Via Podiensis*» y del «*Camino de Causses al Piemonte*», Conques constituye una etapa principal para los «coquillarts». Obra maestra del arte románico, su abacial Sainte Foy abrita un tesoro formidable y fue recientemente enriquecida con vidrieras de Soulages. Pero el Aveyron recela otros tesoros de la naturaleza tales como 2 200 variedades de plantas, emplazamientos espeleológicos fantásticos, y del trabajo de los hombres salen los guantes de Millau, la navaja Laguiole, el Roquefort...

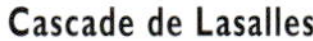

Cascade de Lasalles

Rodez

Espalion

Bozouls

Le Roquefort

Symbole du savoir faire fromager de la France, le Roquefort est le fruit, selon la légende, d'une belle histoire d'amour : oubliant son dîner pour les yeux de sa belle, un jeune berger dans une grotte laissa un temps certain son fromage frais sur une tranche de pain. Après son escapade, le jeune homme affamé reprit son dîner tel qu'il le retrouva, fromage blanc et bleu au goût incomparable.
Ainsi était né le Roquefort. Sa saveur inimitable est dûe à sa maturation au cœur des caves d'affinage naturelles du Causse. On peut maintenant y découvrir les secrets de sa fabrication.

Sur les monts d'Aubrac, les dernières races rustiques de bovins

Les caves de Roquefort

© ERIC TEISSEDRE - SOCIÉTÉ ANONYME DES CAVES DE ROQUEFORT

A symbol of French cheese-making, according to legend Roquefort was invented in fairytale lore. A young shepherd left his lunch of bread and fresh cheese at the entrance to the Roquefort caves to go and see his girlfriend. When he got back to his lunch, he was surprised to find his cheese had begun to acquire the blue-veined aspect and distinctive taste of what has since become the area's most famous product. Today, visiting the caves and cellars, with their long rows of cheeses maturing on tressle tables in the damp and draughts, is a very popular excursion, ending, of course, with a tasting session.

Símbolo del «savoir faire» de Francia, el queso Roquefort es el fruto, según la leyenda, de una bella historia de amor: al olvidar su almuerzo subyugado por su bella, un jóven pastor dejó durante un cierto tiempo su queso fresco sobre una rodaja de pan.
Después de su escapada, el jóven, muerto de hambre, retomó su almuerzo tal y como lo había dejado.
Así nació el Roquefort, verdadero embajador nacional e internacional del Aveyron. En el marco del Turismo Industrial, las bodegas naturales de afinado están hoy en día abiertas al público, excelente manera para descubrirlo y degustarlo.

La route des vins

Fondé par les moines de l'abbaye de Conques, trois appellations sont issues du vignoble de l'Aveyron. Marcillac : rosé pour les charcuteries, rouge pour accompagner Tripoux, Aligot et Roquefort. Estaing : rouge, rosé ou blanc rocailleux. Entraygues : rosé frais pour l'apéritif, blanc pour savourer les truites de torrent et le fromage de Cantal, rouge pour accompagner l'agneau des Causses.

Wine making in the Aveyron was introduced by the monks at Conques and now counts three appellations: - Marcillac : rosé for cold meats, red for Tripoux, Aligot and Roquefort. - Estaing : red, rosé and white. - Entraygues : cool rosé for aperitifs, white for local fresh trout and Cantal cheese, red for Causses (moorland) lamb.

Fundada por los monjes de la abadía de Conques, existen tres denominaciones procedentes de los viñedos del Aveyron.- Marcillac: rosado para la charcutería, tinto para acompanar Tripoux, o los quesos Aligot y Roquefort. - Estaing: tinto, rosado o blanco rocoso. - Entraygues: rosado fresco para el vermut, blanco para saborear las truchas de rías y el queso Cantal, tinto para acompañar el cordero de Causses.

De l'architecture mégalithique à nos jours, aussi belles ou ingénieuses que soient les constructions humaines, l'émotion qu'elles suscitent reste inégalée devant le spectacle des merveilles géologiques. D'affrontements titanesques en fractures brutales, de patientes érosions des vents infatigables et des eaux goutte à goutte doucement écoulées, l'histoire de la Terre s'est inscrite en des lieux magiques. La région recèle mille grottes et rivières spectaculaires, gouffres et chaos granitiques, cascades et gorges abruptes. En Aveyron, le gour de l'enfer doit son nom au spectaculaire précipice creusé par un méandre du Dourdou. Dans les profondeurs du Lot, le gigantesque gouffre de Padirac est un des sites souterrains les plus visités d'Europe. Sa visite, à pied et en barque, de rivière en cascade, du lac de la Grande pluie au lac Supérieur, révèle des gours ocrés et d'immenses draperies minérales. Au pied du Plantaurel ariègeois, les flots de l'Arize ont creusé au Mas-d'Azil une caverne monumentale que l'on traverse en voiture. D'autres sites encore restent à découvrir...

However fine and ingenious may be our architectural achievements, from the megaliths to present-day design, the emotions are never so deeply moved as before the show of wonders given us by Nature. The result of the titanesque battles between the tectonic plates, the patient work of erosion or brutal landslides and earthquakes, the steady drip of water or the sudden unleashing of powerful underground torrents. This has been going on for millions of years, while in comparison, Man's history could be thought of as representing just a few seconds. The Earth's history has given us sites of intense magic. Thus, our entire region offers an underground network of grottoes and spectacular rivers, chasms and granite boulders, cascades and deep gorges. In the Aveyron you can see 'Hell's Pool'or the Bozouls hole with its huge 100 m deep precipice hollowed out by a meander of the Dourdou River, forming a 400 m diameter circus. In the Lot department, there is the Gouffre de Padirac chasm. You can visit it by boat if you prefer that to walking and follow through from the gentle flow of the river to waterfalls, travelling up from the heavy rain lake to the upper lake. This is one of the major underground sites in Europe. Finally, in the Ariège department at Mas-d'Azil, beneath the Plantaurel, the flow of the Arize River has hollowed out a monumental cavern, with the road running through it.

Por muy bellas o ingeniosas que sean las construcciones humanas, desde la arquitectura megalítica hasta nuestros días, la emoción sigue latente ante el maravilloso espectáculo de la Madre Naturaleza. Fruto de las confrontaciones titanescas de las placas tectónicas, de las erosiones repetidas o de los hundimientos brutales, del agua que cae delicadamente gota a gota o de los torrentes subterráneos que emanan bruscamente del suelo, y todo ello desde hace millones de años, la historia del hombre sólo representa unos cuantos segundos. La historia de la Tierra puede observarse en cualquier lugar mágico. De hecho, y en toda la región, se pueden visitar espectaculares redes subterráneas de grutas y ríos, precipicios y cascadas de caos granítico y desfiladeros interminables. En Aveyron, por ejemplo, existe el desfiladero del infierno o agujero de Bozouls, inmenso precipicio de 100 m de profundidad cavado por un meandro de Dourdou, formando un circo de 400 m de diámetro. En el Lot, se puede ir al desfiladero de Padirac a pie o en barco, se puede pasar de un río a una cascada, de un lago de la gran lluvia a otro lago superior, de tal manera que durante la visita se pueden admirar uno de los lugares subterráneos más visitados de Europa. En Ariège, en el Mas-d'Azil, al pie de Plantaurel, las oleadas del Arize han cavado una enorme caverna, atravesada por la carretera.

Merveilles géologiques

Le gouffre de Padirac

Frontonnais, Lauragais, Pays Toulousain, Volvestre, Comminges, Pyrénées, autant de noms évocateurs des terroirs qui, de Grenade à Luchon, composent le département le plus long de France. Aux premiers âges, la plaine de la Garonne accueillit les hommes, comme en témoignent à Aurignac des vestiges d'occupation dès l'âge de pierre. Puis c'est l'époque gallo-romaine qui s'étudie à la villa Montmaurin, véritable palais, qui s'étend sur plus de 10 000 m². Plus loin, l'art roman s'illustre à Saint-Just-de-Valcabrère, magnifiquement surplombé par la cathédrale de Saint-Bertrand-de-Comminges. Quand à l'ancienne cité épiscopale de Rieux-Volvestre, elle perpétue depuis le XIVe siècle l'élection de son meilleur archer lors du traditionnel *Papogay* ou tir à l'oiseau (pièce de bois et de fer plantée en haut d'un mât de 45 m). La route du pastel, sur les côteaux du Lauragais, de séchoirs en châteaux, raconte toutes les richesses que la culture de cette plante tinctoriale procura au Pays Toulousain à la Renaissance. Si le lac de Saint-Ferréol livre les secrets du canal du Midi, les Pyrénées veillent, imperturbables, sur le département, magnifique machine à remonter le temps.

The Haute-Garonne *département* —the longest in France— covers a number of very different landscapes, including the Frontonnais, Comminges, Lauragais, Volvestre, Pays Toulousain and the Pyrenees. One of the oldest known pre-historic statues of a woman (the Lespugue Venus) was found here ; there's Gallo-Roman architecture to be studied at the Montmaurin Villa ; Romanesque art at its best at Saint-Just-de-Valcabrère, beneath the magnificent cathedral of Saint-Bertrand-de-Comminges ; the ancient bishopric of Rieux-Volvestre, where the traditional archery contest is still held every year ; Martres-Tolosane and its enamel-work; spa towns that go back to the Romans ; St Ferréol lake, the key to the Canal du Midi ; the Pastel route, unfolding the richest pages of Toulouse history ; and much more.

Haute-Garonne

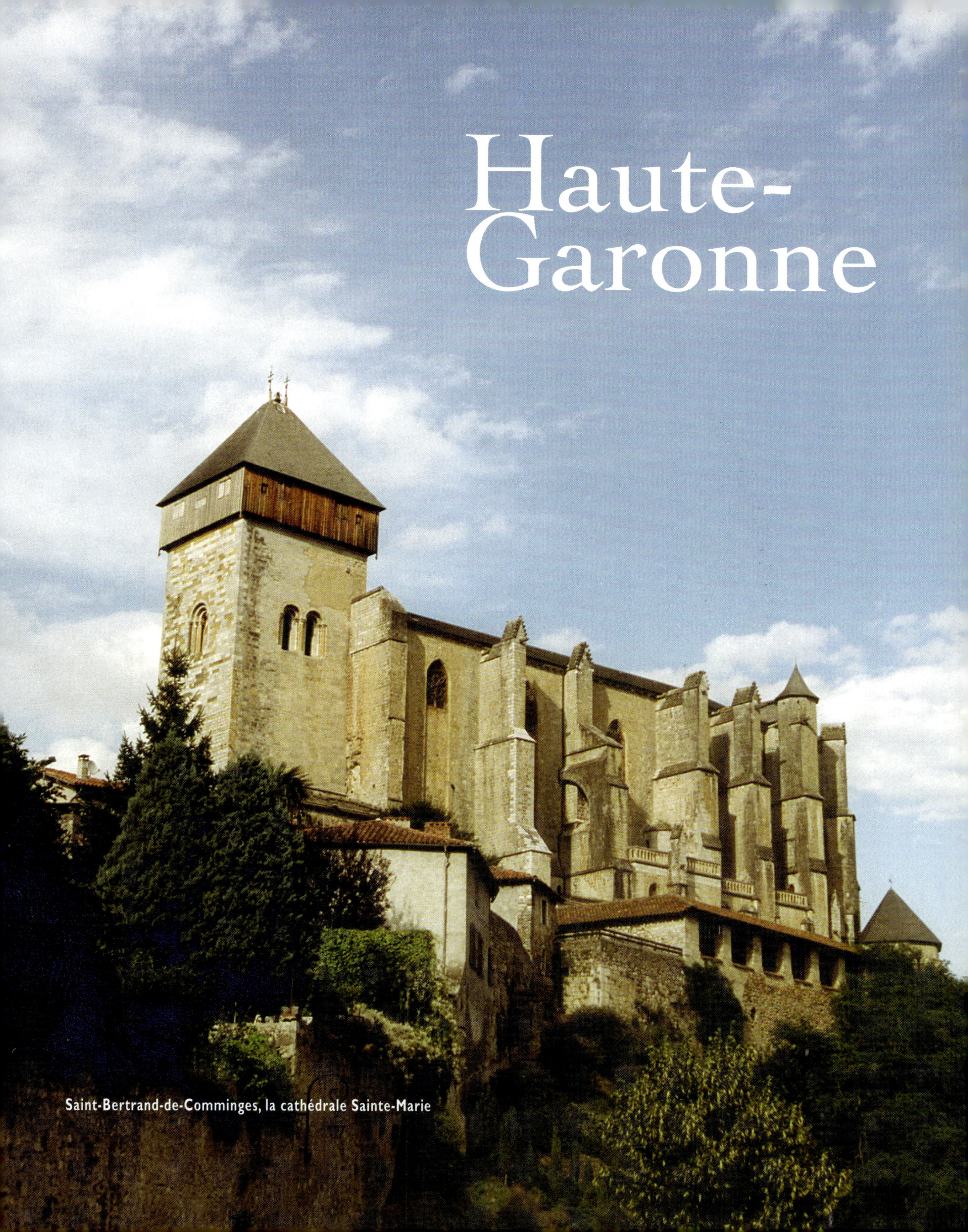

Saint-Bertrand-de-Comminges, la cathédrale Sainte-Marie

Alan,
palais épiscopal,
porte de la Vache

Revel, la halle

Moulin à vent de Brignemont

Frontonnais, Comminges, Lauragais, Volvestre, Pays Toulousain, Pyrénées, son nombres que evocan toda la diversidad de los paisajes y del patrimonio de la Haute-Garonne. Aquí vío la luz por primera vez la «Venus de Lespugue», una de las estatuas femeninas más antiguas de la prehistoria ; la arquitectura galo-romana se estudia en la Vila Montmaurin ; el arte románico se ilustra en Saint-Just-de-Valcabrère magníficamente dominado por la catedral de Saint-Bertrand-de-Comminges ; antigua ciudad episcopal, Rieux-Volvestre sigue eligiendo cada año su mejor arquero durante el tradicional tiro al plato o «Papogay» ; Martres-Tolosane perpetúa sus incomparables lozas ; los balnearios os mostrarán sus delicias ; el lago de Saint-Ferréol libra los secretos del Canal del Midi ; la ruta de la hierba pastel cuenta la riqueza del Midi Tolosino... todo invitaciones para descubrir la región.

Paysage du Lauragais

Mauzac, clocher-mur toulousain

Montmaurin, villa gallo-romaine

Le lac de Saint-Ferréol

La faïence de Martres-Tolosane

D'argile mouillée et malaxée, on fait une pâte propice à la préparation de formes, assiettes, plats et pichets ou toutes fantaisies et utilités désirées. Séchée sur des clayettes abritées du jour, toute de blanc couverte et passée au four, la forme d'argile en faïence devenue, s'offre aux pinceaux des ouvrières expertes. Des godets de couleurs jaillissent alors contorsions et danses étranges de l'oiseau ibis. Si le motif est fréquemment reproduit, chaque pièce est unique. Ainsi Martres-Tolosane, ravissante cité médiévale, autrefois cruellement martyrisée par les Sarrasins d'où son nom, perpétue depuis le XVIIIe siècle sa faïencerie traditionnelle et ouvre à la curiosité du public les portes de ses ateliers.

Martres-Tolosane is a superb mediaeval town, that suffered cruelly from the Saracen occupation (the idea of martyrdom in its very name dates from those cruel times). But nowadays, the craftsmen at Martres perpetuate a tradition in pottery dating back to the 18th century. They knead the moist clay to shape an infinite variety of forms, including plates, dishes and jugs or any decorative of practical earthenware objects you may require. The fine white pottery dries on trays sheltered from the sunlight before going into the kiln Then the delicately shaped, unglazed porcelain is hand-painted by expert craftsmen, often taking their colours from the saucers to trace the strange dance movements of the ibis, a traditional Martres motif. The characteristic patterns may be repeated infinitely, but each item will remain a unique masterpiece. This is one of the finest traditional chinaware producers still in existence. Take advantage of this to see how the craftsmen work.

Con arcilla mojada y bien mezclada se obtiene una masa con la que se pueden realizar formas, platos, fuentes y jarras o cualquier objeto de fantasía o de utilidad. Se seca protegida del sol, luego se recubre totalmente de blanco y tras haber pasado por el horno, la arcilla se vuelve loza, y ya está lista para pasar por las manos de los expertos artistas quienes pintan las obras a mano. El motivo que más aparece es el pájaro rojo Ibis, con sus contorsiones y danzas extrañas, y cada pieza es única. De esta manera, Martres Tolosane, una preciosa ciudad medieval, martirizada cruelmente en la antigüedad por los sarracenos, de allí su nombre, perpetúa desde el siglo XVIII el arte tradicional de los azulejos y abre las puertas de sus talleres a la curiosidad del público.

Le Fronton

D'origine mérovingienne, les Côtes du Frontonnais devinrent la propriété des chevaliers de l'Ordre de saint Jean de Jérusalem et son vin fut expédié par tonneaux en Terre Sainte. Vins par excellence des Toulousains, Fronton et Villaudric sont regroupés par l'AOC accordée en 1975.

Les vin rouges jeunes peuvent être servis avec des viandes grillées ou rôties et des fromages. Plus âgés, ils se dégustent avec des plats régionaux tels que les cassoulets, les confits, les pièces de viande et de gibier. Les vins rosés se servent frais et accompagnent harmonieusement les charcuteries, les viandes blanches et les poissons.

Of 5th century origin, the Fronton vineyards were later run by the Order of St John of Jerusalem and exported by the barrel to the Holy Land. Preferred local wine of the Toulousains, the Fronton wines were awarded AOC status in 1975. The young reds can be served with grilled or roasted meat and cheese. Older, they are served with regional dishes such as cassoulet, preserved fowl, meat and game. The rosés are served chilled with cured meats, white meat and fish.

De origen merovengiano, las Côtes de Frontonnais pasan a ser propiedad de los caballeros del órden de San Juan de Jerusalén y su vino fué expedido por toneles hasta Tierra Santa. Vinos por excelencia tolosinos, la Denominación de Origen Controlada otorgada en 1975 reagrupa Fronton y Villaudric.

Los vinos tintos jóvenes pueden acompañarse de carne asada o a la parrilla y de quesos. Más viejos, se saborean con platos regionales tales como el cassoulet, la carne con manteca, la carne cortada en tajadas grandes y la caza. Los vinos rosados se sirven frescos y son el acompañante ideal de lo embutidos, la carne blanca y el pescado.

Gers

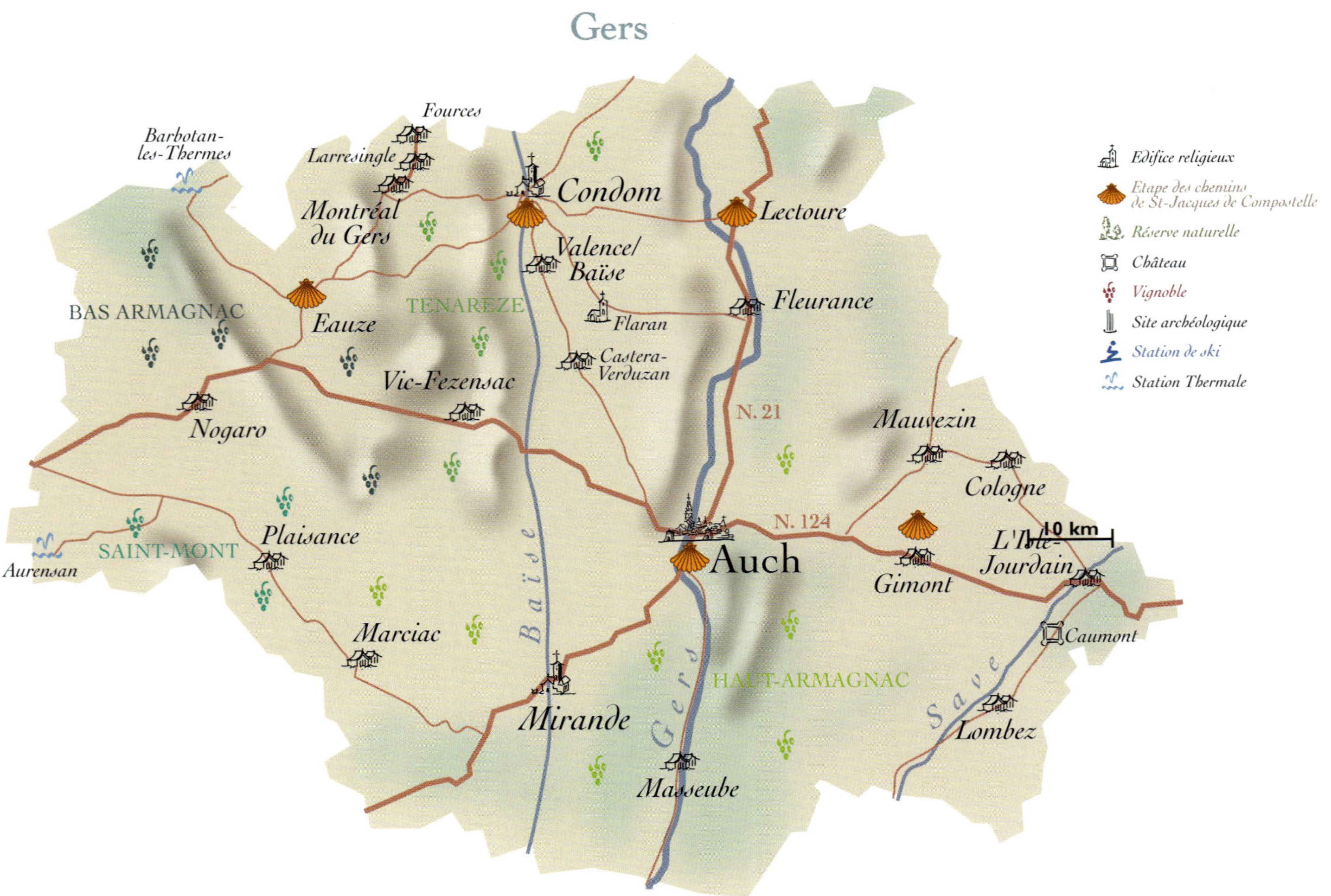

De castelnaux en bastides, de châteaux en abbayes, de pigeonniers en villages fortifiés, le Gers a su préserver son art de vivre. Souvent comparée à la Toscane pour son architecture et la douceur de sa lumière, cette terre agricole verdoyante et vallonnée est un haut lieu de la gastronomie française. Foies gras, confits d'oie et de canard, pâtés et volailles, pastis gascons… Autant de délices à déguster chez les grands chefs ou dans les fermes et d'occasions de ripailles, généreuses comme l'Armagnac, sublime eau-de-vie gasconne. Immortalisé par Alexandre Dumas sous le nom de d'Artagnan, le jeune cadet Charles de Batz de Castelmore symbolise toute la bravoure et la chaleur des Gascons. De multiples festivals et manifestations vous invitent à les partager.

From bastides to chateaux, from abbeys to dovecots, time has been kind to the Gers' heritage and preserved this *départe-ment*'s gently-paced art de vivre. Often compared to Tuscany for its buildings and its soft light, this farmland region of rolling green hills and yellow soiled valleys is France's gastronomic garden. Foie gras, goose and duck preserves, pâtés, poultry and Gascon pastis dessert, can all be enjoyed at the tables of top name chefs or in the local farms and auberges. The Gers is an inviting, generous land, where meals are usualy topped off by the oldest of French brandies, Armagnac. The area's most famous son is D'Artagnan (local nobleman Charles de Batz de Castelmore), immortalized by Alexander Dumas in 'The Three Musketeers'. Summer festivals and concerts abound.

Desde castelnaux hasta ciudades amuralladas, desde castillos hasta abadías, desde palomares hasta fortificaciones, el

Gers

Auch, la tour d'Armagnac

Halle de Cologne

Auch

Abbaye cistercienne de Flaran

La Romieu, collégiale Saint-Pierre

© CDTL 32

Corrida de Vic-Fezensac

© CDTL GERS

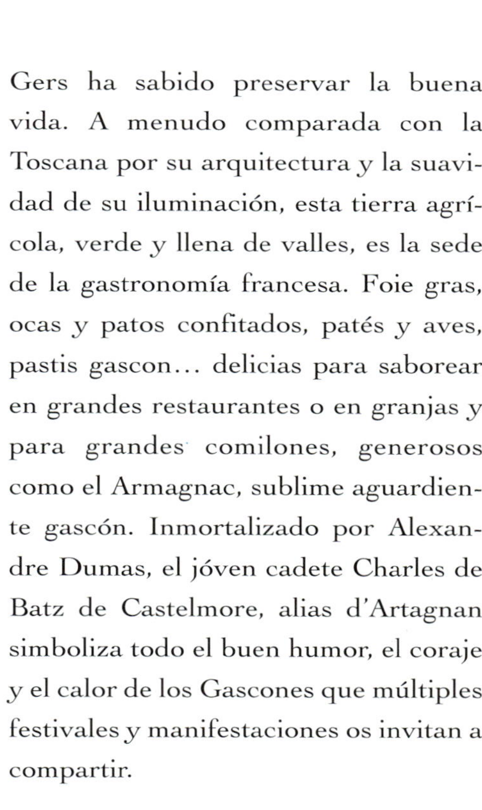

Gers ha sabido preservar la buena vida. A menudo comparada con la Toscana por su arquitectura y la suavidad de su iluminación, esta tierra agrícola, verde y llena de valles, es la sede de la gastronomía francesa. Foie gras, ocas y patos confitados, patés y aves, pastis gascon... delicias para saborear en grandes restaurantes o en granjas y para grandes comilones, generosos como el Armagnac, sublime aguardiente gascón. Inmortalizado por Alexandre Dumas, el jóven cadete Charles de Batz de Castelmore, alias d'Artagnan simboliza todo el buen humor, el coraje y el calor de los Gascones que múltiples festivales y manifestaciones os invitan a compartir.

Auch, la cathédrale Sainte-Marie

L'Armagnac

Plus vieille eau-de-vie de France, l'Armagnac est connu dès le Moyen Age pour ses vertus thérapeutiques. Le XVIe siècle verra son essor comme produit de dégustation, le XIXe son apogée et en 1909 son appellation d'origine contrôlée fut décernée. De renommée mondiale, plus de la moitié de la production actuelle de l'eau-de-vie gasconne est consacrée à l'exportation. Haut-Armagnac, Armagnac-Ténarèze et principalement Bas-Armagnac sont les trois régions de production du vignoble. Issue de la distillation de vins blancs (cépages Ugni blanc, Colombard et Folle blanche), l'eau-de-vie est ensuite longuement vieillie en pièces de chêne des forêts gasconnes où elle s'enrichit des senteurs des fûts et prend sa belle couleur ambrée. Pur bonheur de la fin du repas, l'Armagnac symbolise toute la belle humeur de la Gascogne.

France's oldest brandy, Armagnac was much prized in the Middle Ages for its therapeutic virtues. In the 16th century the Gascon liqueur became a consumer product and in 1909 was given AOC status. Now known across the World, over half the annual production is exported. Haut-Armagnac and particularly Bas-Armagnac and Armagnac-Ténarèze are the three main vineyard regions. Distilled from white grapes of the Ugni, Colombard and Folle Blanche varieties, the liqueur is aged for years in Gascon forest oak barrels, where it takes on its specific bouquet and amber colour.

© CDTL 32

Delicious at the end of a meal, Armagnac is also an excellent apéritif and can be used in cooking, blended liqueurs and fruit candies.

Aguardiente más viejo de Francia, el Armagnac se conoce desde la Edad Media por sus virtudes terapéuticas. El siglo XVI marca el desarrollo de este producto de consumo y el siglo XIX su apogeo, con la Denominación de Origen Controlada otorgada en 1909. De renombre mundial, se exporta más de la mitad de la producción actual. Alto-Armagnac y sobretodo Bajo-Armagnac y Armagnac-Ténarèze son las tres regiones de producción de los viñedos. Procedente de la destilación de vinos blancos (cepas Ugni blanc, Colombard y Folle blanche), se deja envejecer durante largo tiempo dentro de toneles de roble de los bosques gascones, donde se enriquece de los sabores de las cubas y toma su bello color ambarino. Pura delicia al final de las comidas, el Armagnac desarrolla así todos sus encantos en los vermuts, la gastronomía, los licores y bajo la forma de frutas al Armagnac.

Gimont, l'église gothique

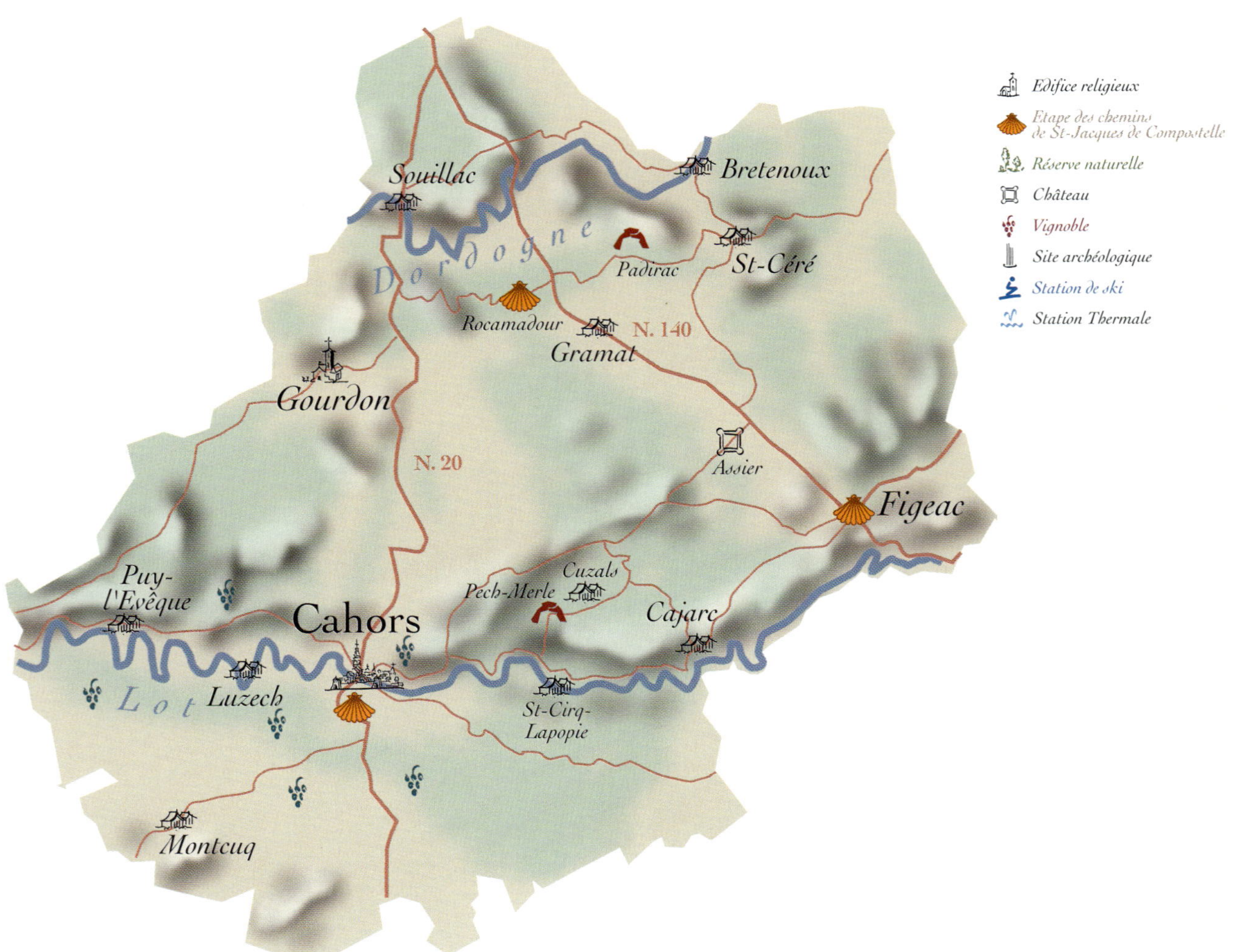

"L*os otals sul riu, las gleisas sus otals, los rocs sus las gleisas, lo castèl sul roc* » (Les maisons sur le ruisseau, les églises sur les maisons, les rochers sur les églises, le château sur le rocher), c'est ainsi en Quercy que l'on décrit le site touristique majeur de Rocamadour, haut lieu du monde chrétien et ancien pèlerinage des Rois de France. Construit sur un escarpement rocheux, ce site classé parmi les plus beaux de France accueille chaque année plus d'un million de pèlerins et de touristes. Mais la ville d'art de Figeac n'a rien a lui envier. La découverte de ce rare ensemble architectural du XIIIe au XVIIIe siècle est ponctuée par le dallage inattendu de la place des Ecritures, étonnante reproduction de la pierre de Rosette en hommage à Champollion, enfant du pays. Mais le Lot réserve bien d'autres surprises, les vallées du Célé, de la Dordogne et du Lot, le renouveau de la navigation des bateaux de plaisance et des gabarres traditionnelles, un patrimoine d'architecture médiévale exceptionnel, de Cahors à Saint-Cirq-Lapopie...

Souillac, abbatiale

"Los otals sul riu, las gleisas sus otals, los rocs sus las gleisas, lo castèl sul roc » '*Houses on the stream, churches on the houses, rocks on the churches, a chateau on the rocks*'. That's how Rocamadour (the Lot's most visited site, France's second) is described in Occitan by the people of this region. But the Lot département is lots more than a single site. Visit the 75-metre deep Padirac abyss (or swallow-hole) with its 90-metre high

Rocamadour

Lot

Midi-Pyrénées

dome; the much-painted Célé, Dordogne and Lot valleys; the reopened waterways, for pleasure boats and canoeing; the exceptional architectural heritage, from Cahors to St Cirq La Popie; the huge copy of the Rosetta Stone at Figeac, birthplace of the stone's discoverer and heiroglyphics decipherer Jean-François Champollion.

"Dos otals sul riu, las gleisas sus otals, los rocs sus las gleisas, lo castèl sul roc » (*Las casas sobre el río, las iglesias sobre las casas, las rocas sobre las iglesias, el castillo sobre la roca*), es así como en Quercy describen el sitio turístico de Rocamadour. Pero el Lot reserva muchas otras maravillas, como el pozo de Padirac procedente del hundimiento de la bóveda de una inmensa gruta, los valles del Célé, de la Dordogne y del Lot, la navegación en barcos de recreo o en gabarras tradicionales por sus ríos, el patrimonio arquitectónico medieval único de Cahors en Saint-Cirq-Lapopie, la gigantesca ampliación de la piedra de Roseta en Figeac en homenaje a Champollion, hijo del país...

Navigation de plaisance sur le Lot

Cahors, le pont Valentrè

Le château d'Assier

Cahors, la maison Roaldès

Saint-Cirq-Lapopie

Le château de Mercuès

Le Cahors et la truffe

Que de noms illustres sont associés à ce vignoble, l'un des plus anciens de France : Jules César, le Pape Jean XXII, François Ier, Louis XVI, tous contribuèrent au développement du vin qui, à son apogée, ornait toutes les grandes tables d'Europe et d'Amérique du Nord.

Comme pour beaucoup de vignobles, le phylloxera fut fatal aux vins du Quercy. Mais grâce au travail des vignerons et coopératives, les vins de Cahors obtinrent le classement en Appellation d'origine contrôlée en 1971. Vin rouge, sombre et puissant, toujours reconnaissable et incontestablement vin de garde, le Cahors, dès sa quatrième année, accompagne fromages et gibiers, cèpes et truffes. La truffe, trésor du Quercy et rêve de gourmet. Enfant du gel et de l'orage, ce champignon mystérieux ne se laisse pas trouver aisément. Tubercule noir au parfum inimitable, si l'homme suppute sa présence en observant les brûlis - absence de couverture herbeuse aux pieds des chênes - seule la sensibilité olfactive du cochon peut la déceler. Mais la gourmandise de ce dernier le fait remplacer de plus en plus par les chiens. Son surnom de l'or noir du Quercy n'est pas immérité : sa production est capricieuse et le désir des gourmets international, les cours s'en font l'écho lors du fameux marché de Lalbenque.

One of the oldest vineyards in France, with many illustrious benefactors: Julius Caesar, Pope John XXII, François Ier and Louis XVI all helped to develop the wines of Cahors, which once throned on all the best tables of Europe and North America. As in most of France, the Phyloxera outbreak of the 19th century wiped out the vineyards of this region (called Quercy, from the Latin for 'small oak'). Starting entirely from scratch, the local vine-growers, wine-makers and cooperatives rebuilt the Cahors wines, becoming AOC in 1971. A deep red, strong wine, ideal for laying down: a 4 year-old Cahors is a treat with cheese, game, truffles and wild mushrooms.

¡Cuántos nombres ilustres están asociados a este viñedo, uno de los más antiguos de Francia ! Julio César, el Papa Juan XXII, Francisco Iero, Luis XVI, todos contribuyeron al desarrollo del vino que, en pleno apogeo, ornaba todas las buenas mesas de Europa y de América del Norte.

Como para muchos viñedos, la filoxera fué fatal para los vinos de Quercy.

Pero gracias al trabajo de los viñateros y de las cooperativas, los vinos de Cahors obtuvieron la clasificación Denominación de Origen Controlada en 1971. Vino tinto, oscuro y fuerte, el Cahors, indudable vino de guardia, se reconoce fácilmente, y desde su 4o año, acompaña quesos, caza, trufas y setas.

Figeac, la place des Ecritures

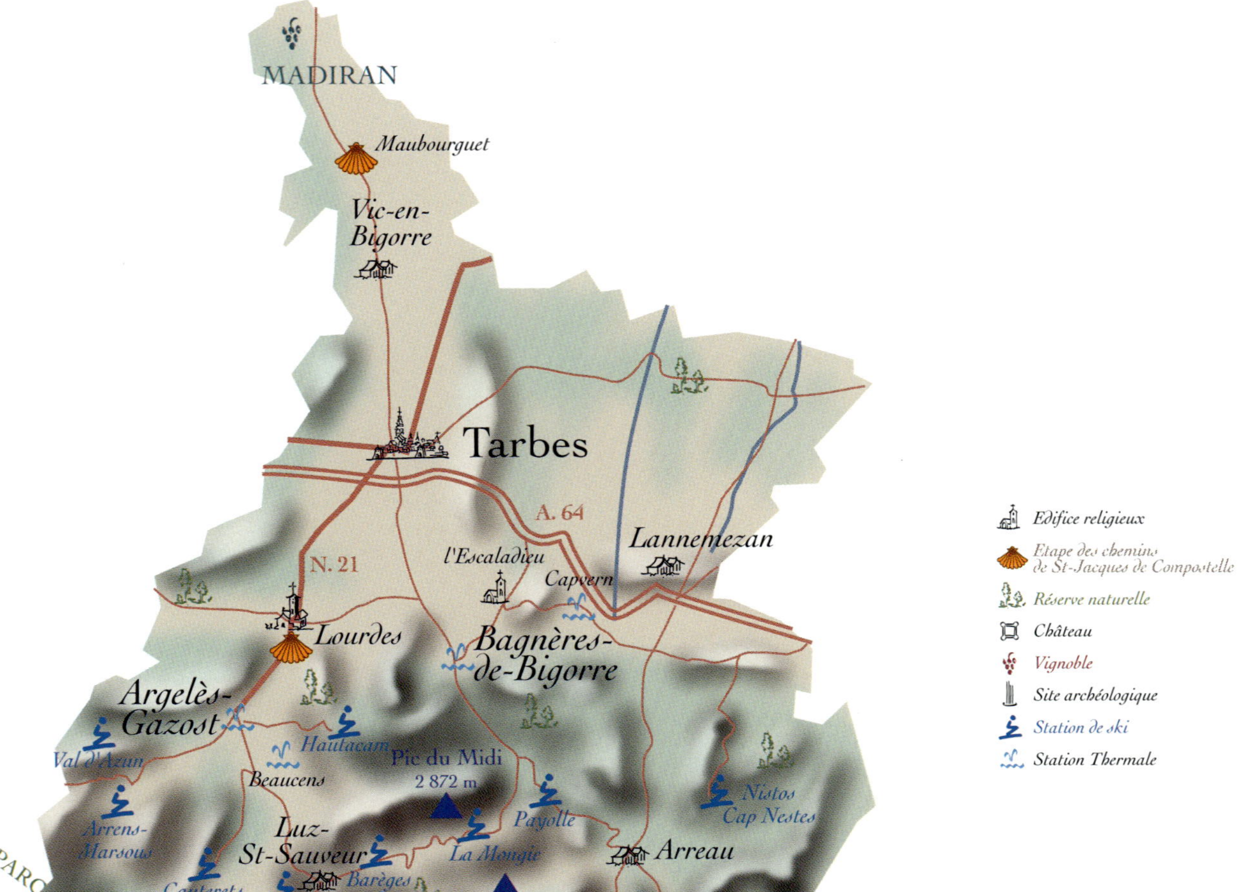

Nous sommes en pays *toy*. Souvenir des géants dont on aurait trouvé traces en ces montagnes ou patois local signifiant «caractère bien forgé», si l'origine de ce qualificatif reste controversée, il est toute évidence une évocation de force et de puissance bien méritée. En effet, ici les Pyrénées dressent leurs plus hauts sommets, les hommes se hissent vers le soleil en espérant percer les secrets de l'univers et les esprits s'élèvent dans une prière commune à la «Dame merveilleuse».

La brèche de Roland

© CDT 65

Sur cette terre magnifique, tous les possibles sont réunis pour soigner les plaies du corps et de l'esprit. La montagne subit sans broncher la morsure de l'épée de Roland de Roncevaux, Durandal. Le Cirque de Gavarnie, récemment classé au Patrimoine Mondial de l'Humanité par l'UNESCO, reçoit obligeamment chaque été en son majestueux décor le Festival des Pyrénées. Le massif accueille sur un de ses sommets l'observatoire du Pic du Midi, offre ses grands cols, comme le Tourmalet, au plaisir des cyclistes, prête le flanc aux skieurs et autres randonneurs et laisse l'eau couler à flots pour le plus grand plaisir des pêcheurs, des sportifs et des curistes.

It's in this *département* that the Pyrenees rise to their highest point, the Vignemale summit, at 10,800 ft. So it's no surprise that people come here from around the World to study cosmic rays at the Pic du Midi Observatory at 9,400 ft. Mountain passes here, like Tourmalet and Peyresourde, are names that resound to fans of the Tour de France cycling classic; while the Pyrenees National Park spreads some 120,000 acres along the mountain range. Then there's the majestic glacial cirque at Gavarnie, scoured by the ice into a near perfect semi-circle, rising over 4,000 ft to where the

Hautes-Pyrénées

Cirque de Troumouse

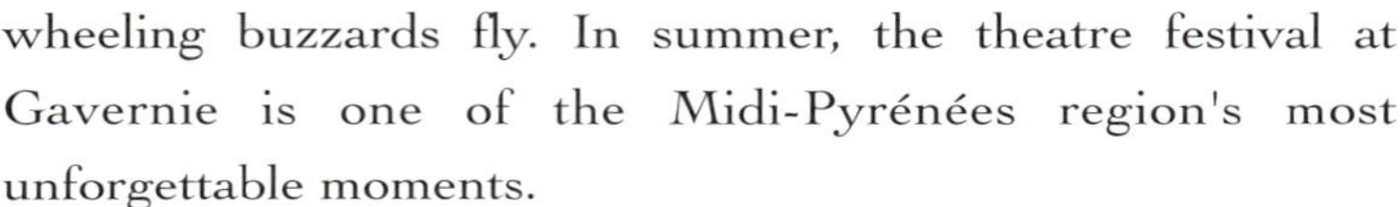

wheeling buzzards fly. In summer, the theatre festival at Gavernie is one of the Midi-Pyrénées region's most unforgettable moments.

En el País «toy», los Pirineos dibujan sus picos más altos, los hombres observan el sol mientras esperan descifrar los secretos del universo y los espíritus se elevan todos juntos para rezar por la «Dama maravillosa». La montaña soporta sin rechistar la hendura de Durandal para servir los propósitos de Roland de Roncesvalles. El Circo de Gavarnie presta complacientemente cada verano su decoración majestuosa al Festival de los Pirineos. En una de sus cumbres se encuentra el observatorio del Pico del Midi, y ofrece sus puertos de montaña, como el Tourmalet, a los ciclistas, presta las laderas a los esquiadores y otros excursionistas y deja fluir el agua a flotes para mayor regicijo de los pescadores, deportistas y agüistas. En esta magnífica tierra, todo es posible.

Beaucens, le Donjon des aigles

Hautes-Pyrénées

Le cirque de Gavarnie

Lourdes, la basilique Saint-Pie X

© N. MOREL CDT 65

Lourdes, le château fort

Luz-Saint-Sauveur, les thermes

Les stations thermales

Eaux chaudes, eaux froides, sulfurées, carbonatées, sodiques, alcalines… après un long ruissellement, si long qu'il dure parfois 500 et même 5 000 ans dans les profondeurs des Pyrénées, plus d'une centaine de sources aux vertus reconnues depuis l'Antiquité, apportent leurs bienfaits aux stations thermales. Si presque tous les maux peuvent trouver soulagement et guérison, les thermes gardent leur vocation première d'entretien et de bien-être du corps en ouvrant leurs portes à la remise en forme des randonneurs et des skieurs après leurs journées d'efforts.

Waters from 45°-50° C, from sulphurous, carbonated, sodic, and alkaline, to cold : after a 500- or 5,000-year trip through the Pyrenees, over a hundred springs bring their benefits to the Spa Resort, some of which have been in business since the Romans.

Aguas calientes entre 40° y 50°, aguas frías, sulfurizadas, carbonatadas, sódicas, alcalinas… después de una larga travesía de 500 a 5 000 años en los Pirineos, más de un centenar de manatiales aportan todos los beneficios de las estacionas termales, virtudes reconocidas ya desde la Antigüedad.

Madiran et gastronomie

Issu d'un vignoble déjà connu des Gallo-romains, crée par les moines bénédictins en 1030, le Madiran s'étend sur les départements des Pyrénées-Atlantiques, du Gers et des Hautes-Pyrénées. Vin rouge «viril» par excellence, le Madiran est le compagnon privilégié de la garbure, plat traditionnel bigourdan, soupe majestueuse composée des fameux haricots tarbais, de jambon, de camayot (os du jambon), de choux et autres légumes du potager. Ce plantureux repas peut être couronné d'un gâteau à la broche : la légende prête aux armées napoléoniennes la recette de ce dessert ne nécessitant ni four, ni plat mais qu'un simple feu de camp. A moins que le repas du soir ne se compose de la touradisse, farine de maïs additionnée d'eau et de sel et longuement tournée dans un chaudron de cuivre avant d'être servie, selon le goût de chacun, salée ou sucrée.

From the original Gallo-Roman vineyards, Benedictine monks created the Madiran wines in 1030. They stretch from the Western Pyrenees, through the Hautes-Pyrénées to the Gers départements. A full-bodied red wine, light Madiran is good with garbures (vegetable soups) and magret (preserved duck breast), while traditional Madiran is excellent with game and cheese.

Gâteau à la broche

Procedente de un viñedo conocido ya por los Galo-Romanos y creado por les monjes Benedictinos en 1030, el Madiran se sitúa sobre los departamentos de los Pirineos Atlánticos, el Gers y los Altos-Pirineos. Vino tinto viril por excelencia, el Madiran ligero acompaña guisados y «magrets» mientras que el Madiran tradicional es el compañero privilegiado de la caza y los quesos.

© DUBYTAL - CONFEDERATION PYRÉNEENNE DU TOURISME

Les Pyrénées centrales

© CONFEDERATION PYRÉNEENNE DU TOURISME

Toute montagne a sa légende, voici celle des Pyrénées : une ravissante jeune fille se laissa séduire un jour par Hercule. Tentant de soustraire au courroux de son père le fruit de son amour, elle s'échappa dans la montagne mais sa fuite éperdue fut brutalement interrompue par les griffes d'un ours. Hercule à sa recherche, retrouvant, hélas trop tard, sa bien aimée, l'ensevelit dans les profondeurs de la grotte de Lombrives en prononçant ses mots : « *afin que ta mémoire se perpétue à jamais, douce Pyréne, ces montagnes en lesquelles tu dors désormais s'appelleront les Pyrénées* ». Depuis, maints auteurs et poètes ont décrit cette frontière sauvage entre la France et l'Espagne, et content encore ses hommes à l'âme courageuse, des *oursailhers* ou montreurs d'ours ariégeois aux montagnards bigourdans.

Every mountain range has its legend. Here is the legend of the Pyrenees. A beautiful young girl; Pyrene, was one day seduced by Herakles. She tried to hide her condition from her father's anger by hiding in the mountains. But in her helpless

flight she was killed by a bear. Herakles searched for her and, too late, finding his beloved dead, buried her in the depths of the Lombrives Grotto declaring: 'for your memory to live forever, gentle Pyrene, these mountains where you sleep will henceforth be called the Pyenees'. Since then, many authors and poets have celebrated this harsh borderland between France and Spain, which still keeps many of its secrets. But the people, with their tradition of ousailhes or bear-masters in the Ariège to the hardy mountain shepherds of the Bigorre, remain a resilient and resourceful stock.

Cada montaña tiene su propia leyenda, y los Pirineos también tienen la suya. La historia cuenta que una joven muchacha, muy guapa, un día se dejó seducir por Hércules. Para evitar que el fruto de su amor cayese en manos de la ira de su padre, se escapó a la montaña, pero su fuga acabó brutalmente, siendo presa de las garras de un oso. Hércules partió en su búsqueda, y encontró a su bella, pero ya era demasiado tarde. La enterró en las profundidades de la gruta de Lombrives y pronunció las siguientes palabras: « *Para que tu memoria perdure para siempre, mi bella Piriné, estas montañas en las que duermes se llamarán a partir de ahora los Pirineos* » . Desde entonces, muchos autores y poetas han descrito esta frontera salvaje entre Francia y España, que todavía no ha librado todos sus secretos, pero desde los *oursailhers* o presentadores de osos del Ariège a los montañeses de bigourdan, todos estos hombres se han forjado el sentido del valor.

© CONFEDERATION PYRENEENNE DU TOURISME

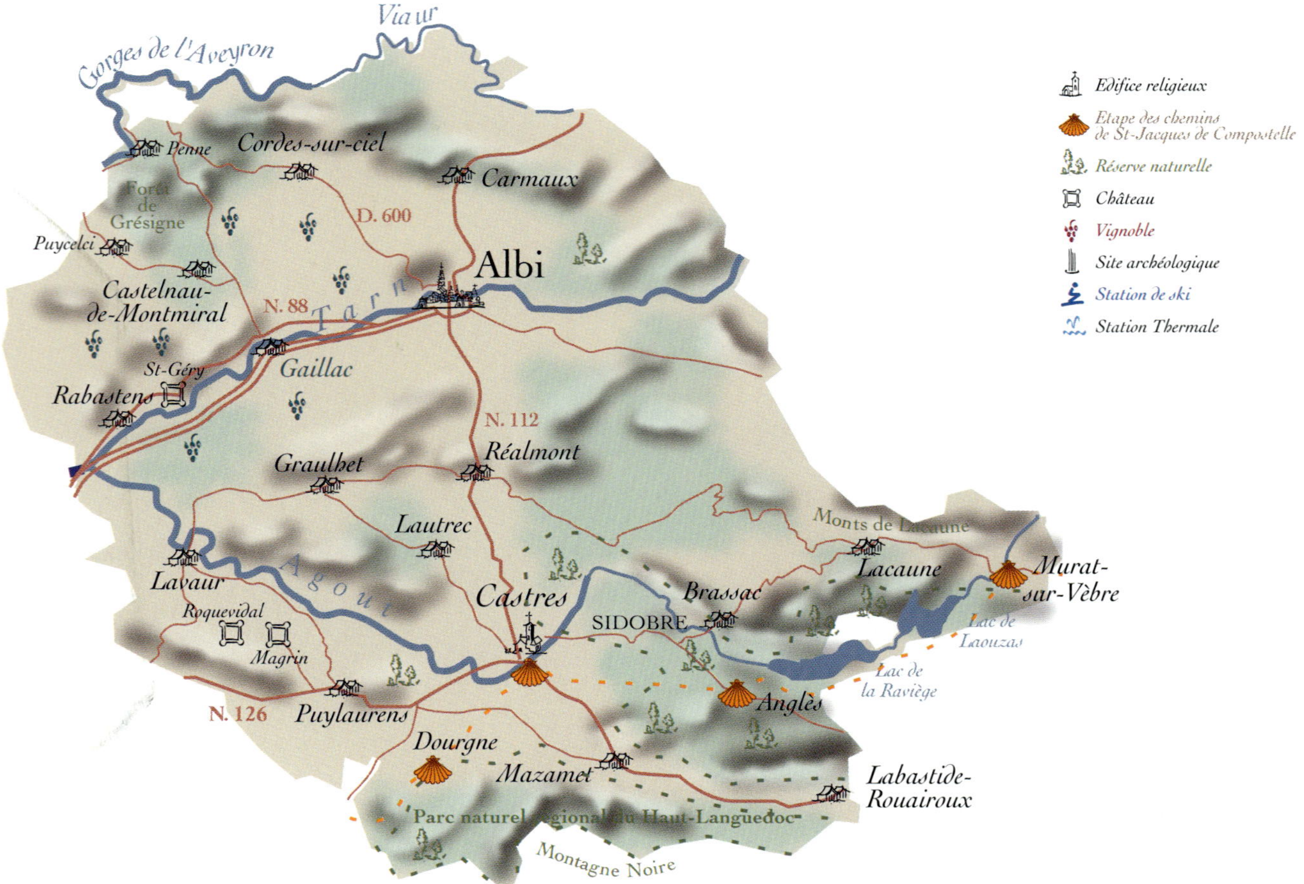

Comme l'or bleu des champs de pastel jaillit des plaines fertiles, toutes les richesses du Tarn sont issues de sa terre et de la passion de ses hommes. Du Ségala à la Montagne Noire, patrimoine et savoir-faire sont jalousement conservés pour mieux s'offrir à la découverte. Albi, ville de briques édifiée sur le Tarn, possède des monuments remarquables : la cathédrale Sainte-Cécile, puissante forteresse de style gothique méridional, et le palais de la Berbie, palais épiscopal qui connaît l'ironique destinée d'accueillir désormais l'œuvre de Toulouse-Lautrec, enfant du pays tout à la fois libre penseur et peintre génial. Castres, patrie de Jean Jaurès, s'étire sur les rives de l'Agoût, fête chaque année le peintre Goya et expose, en son ancien évêché, de riches collections d'art espagnol. Cordes, village médiéval fondé entre terre et ciel par le Comte de Toulouse Raymond VII raconte chaque année les grandes heures de la cité et perpétue les traditions artisanales. De Bruniquel à Puycelci, on peut parcourir la route des bastides. Le Sidobre, d'une jeunesse tellurique mouvementée a hérité de merveilles géologiques granitiques. La forêt de Grésigne compte parmi les plus anciennes et plus grandes forêts domaniales de France...

From the Ségala countryside to the Montagne Noire, the Tarn *département*'s heritage surprises visitors by its quality and variety. The capital Albi is dominated by St Cécile cathedral, a powerful Southern Gothic vessel all of red brick, with its ominous overtones of the end of the Cathar (aka Albigensian) Crusade; paradoxically, next door to this monument of religious might, is housed the World's biggest collection of Toulouse-Lautrec in this, his native town. Then there's the Sidobre region, where violent earthquakes have left marvellous granite shapes; or Cordes-sur-Ciel, perhaps the most perfect medieval village in France, leading on to the Bastides route, dotted with 13th century 'new towns' like

Tarn

Albi, la cathédrale Sainte-Cécile
et le palais épiscopal de la Berbie

Puycelci

Le Sidobre, le *Peyro Clabado*

Bruniquel and Puycelsi; and Castres with its Goya museum in a former bishop's 'palace': these are just some of the Tarn's major sites.

Igual que el oro azul de la hierba pastel emana del Lauragais, todas las riquezas del Tarn provienen de la tierra y de la pasión de sus hombres. Desde el Ségala hasta la Montaña Negra, patrimonio y «savoir-faire» se conservan celosamente para apreciarlos mejor : Albi, protegida por la catedral Sainte-Cécile, imponente construcción de ladrillos gótico meridional, símbolo turbador del fin de las cruzadas contra los habitantes de Albi y el museo excepcional de Toulouse-Lautrec, el Sidobre que después de una juventud telúrica tormentosa ha heredado maravillas geológicas graníticas, Cordes sur Ciel, encantadora ciudad medieval entre cielo y tierra, la ruta de las ciudades amuralladas o «ciudades nuevas» del siglo XIII desde Bruniquel hasta Puycelsi, Castres con su museo Goya instalado en el antiguo Palacio episcopal...

Castres, les rives de l'Agoût

Cordes-sur-Ciel

Penne

Jardin du palais de la Berbie, Albi

Le Gaillac

Ce vignoble, déjà important à l'époque gallo-romaine, est le plus ancien vignoble de France après celui de la province narbonnaise. Il connaît son développement sous l'impulsion, en 920, des chanoines d'Albi. Le vin alors fut présent sur les tables de toutes les provinces de France et en Angleterre. Soucieux d'en protéger la qualité, le Comte de Toulouse Raymond VII impose, dès 1221, des critères précurseurs de l'appellation d'origine contrôlée, A.O.C. confirmée dès 1938 pour les vins blancs et pour les vins rouges en 1970. Malgré les faveurs du roi François Ier, commercialisé par navigation fluviale, son développement fut largement entravé à Bordeaux par une «*…interdiction de décharger les vins avant la Saint-Martin et de vendre en Angleterre avant la Noël…*». Cette restriction disparut en 1789 avec la Révolution mais le blocus des guerres impériales lui fut plus néfaste encore, le confinant au rôle de vin de coupage. D'efforts et de travail acharné récompensés, le Gaillac a largement reconquis ses lettres de noblesse. On retiendra trois cépages pour le Gaillac : le Mauzac pour des vins subtils et frais, le Duras récemment réhabilité et le Braucol sombre et charnu. Son vin blanc concourut très tôt à sa renommée. Et si l'histoire ne tranche pas quant à l'apparition du premier mousseux, du Gaillac ou de la Blanquette de Limoux, il est clair que leur existence à tous deux est bien antérieure à la mise au point de la

méthode champenoise. Généreux, les vignobles fournissent le typique blanc sec perlé, idéal en compagnie des poissons, blancs doux ou mœlleux pour accompagner foies gras et fromages persillés, le Gaillac mousseux, les vins rosés, les vins rouges «primeur» et les vins rouges de garde à servir avec la daube albigeoise, la tourte au pigeon et le carré d'agneau.

Planted in Gallo-Roman times, it was the Albi clergy who really developed the Gaillac vineyards in 920. To control the quality of the wines, Count Raymond VII of Toulouse had a specifications charter drawn up in 1221, forerunner to the appellations of today. In 1938, the whites won their official AOC, followed by the reds in 1970. Gaillac wines come from three stocks: Mauzac for subtle young wines, the recently rehabilitated Duras and the dark, robust Braucol. The Gaillac range is also well-known for its dry white sparkling wines, Gaillac Perlé, ideal with fish dishes; Gaillac Mousseux for foie gras and parsleyed cheeses; not forgetting the excellent primeurs ('New') reds and the longer ageing reds that are so good with local daubes (stews), tourte au pigeon (pigeon pies) and lamb chops.

Este viñedo, importante ya en tiempos galo-romanos, conoce un desarrollo bajo la impulsión, en 920, de los canónigos de Albi. Preocupados por proteger la calidad, el Conde de Toulouse Raymond VII impone desde 1221 criterios precursores de la Denominación de Origen Controlada, otorgada en 1938 para los vinos blancos y en 1970 para los vinos tintos. Nos quedaremos con tres cepas para el Gaillac : el Mauzac para vinos sutiles y frescos, el Duras recientemente rehabilitado y el Braucol oscuro y carnoso. Generosos, los viñedos producen los típicos blancos secos perlados, ideales acompañados de pescado, blancos dulces y suaves para acompañar foies gras y quesos de pasta verde, Gaillac espumoso método champanés, vinos rosados, tintos «primeurs» y tintos de guardia para servir con estofados a la manera de Albi, tartas al pichón y brazuelos de cordero.

Des premiers contreforts du massif central aux gorges de l'Aveyron s'étend une vaste plaine de communication, sillonnée tout à la fois par la Garonne, la rivière du Tarn et le Canal du Midi. Pivot de la région, le Tarn-et-Garonne possède une frontière avec presque tous les autres départements et son architecture le reflète dans la pierre ou la brique, que l'on soit à Montpezat-de-Quercy ou à Montauban. Traversé par les pèlerins de Compostelle, il leur offrit son hospitalité aux étapes de Lauzerte, Auvillar et Moissac. Moissac, dernière étape avant le Gers, où la magnifique abbatiale Saint-Pierre conjugue plaisir des yeux et réconfort de l'âme : les exceptionnelles sculptures du portail et le cloître en font le plus beau monument d'art roman d'Europe.

Montauban, place Nationale

Notre région est riche en artistes dont la renommée à dépassé les frontières, au point que l'on en oublie quelquefois leur terre natale. Ainsi le peintre Ingres, au moins aussi connu pour son talent que pour son fameux violon, est natif de Montauban. Sa ville lui rend un hommage magnifique en offrant son ancien palais épiscopal pour l'exposition de ses œuvres.

Birthplace of the painter Ingres, whose famous violin is preciously conserved in the former bishop's palace at Montauban, the Tarn-et-Garonne *département* was created by Napoleon in 1809. The area is a vast plain with gently rising hills, whose limits border on most of the Region's other *départements*. Pilgrims crossed here on their way to Compostella, stopping at Moissac to admire the breathtaking beauty of its famous abbey and cloister: massive sculpted doorways and marble-faced columns in different hues of white, pink and green, are vibrant silent hymns to ancient craftsmanship. The Tarn-et-Garonne also offers long stretches of the Canal du Midi to boat on, the spectacular Aveyron Gorges for more sporting activities, a string of glinting white stone medieval villages to vist — and a fish-ladder quite unique in Europe...

Patria del pintor Ingres cuyo famoso violín se conserva cuidadosamente en su museo, dentro del antiguo palacio episcopal de Montauban, el departamento de Tarn y Garonne fue creado en 1809 por Napoleon I°. Enorme llano de comunicación, fronteriza con casi todos los departamentos de la Región, atravesada por los peregrinos de Santiago de Compostela a quienes ofreció hospitalidad y cobijo en

Auvillar, la halle

Tarn-et-Garonne

Montauban, le musée Ingres dans l'ancien évêché

Moissac, le tympan de l'abbatiale Saint-Pierre

Moissac, le cloître de l'abbatiale Saint-Pierre

Moissac: la magnífica abadía Saint-Pierre, ejemplo espléndido del arte lapidario románico en su pórtico, ofrece según la opinión de todos los expertos, el claustro románico más bonito de todos los que existen. Tierra de paradojas, ofrece tanto la calma de un viaje en barco por el Canal del Midi como la excitación en los desfiladeros del Aveyron, ciudades medievales de roca blanca ¡y el ascensor para pescados único en Europa!

Bruniquel

Le Port de Moissac

Vin et gastronomie

Pêches, poires, pommes, prunes, nectarines, fraises, cerises, noisettes, melons, tout réussit dans la vallée fertile de la Garonne, c'est ici que l'on récolte 80 % des fruits de Midi-Pyrénées. Fleuron de ce terroir, le Chasselas est un délicieux raisin de table aux grains d'or dont la renommée et la qualité lui valent son A.O.C. Mais le Tarn-et-Garonne sait aussi faire du vin. S'il se partage le Fronton avec la Haute-Garonne, il possède son propre vignoble : le vignoble de Lavilledieu, implanté par les romains puis propriété en 1254 de la Commanderie des Templiers, connaîtra la renommée pendant la guerre de Cent ans. Cultivé sur les terrasses de la Garonne et du Tarn, il propose des vins rosés pour les charcuteries et grillades et des vins rouges en accompagnement de la cuisine du terroir comme le Galinail, poule délicieusement farcie.

Peaches, pears, apples, nectarines, strawberries, cherries, hazel nuts, melons, garlic: the Garonne valley is a fertile garden of great diversity, the most prized local products being the succulent Chasselas table grapes. On the wine side, the département shares the Fronton appellation with neighbouring Haute-Garonne. Then there are the Lavilledieu wines: from a vineyard planted by the Romans, Lavilledieu was acquired by the Knights Templars in 1254 and became one of the most popular wines...during the Hundred Years War. Grown on the terraces running down to the rivers Garonne and Tarn, the rosés are for cold meats and barbecues, while the reds are best with the traditional local cuisine.

Melocotones, peras, manzanas, ciruelas, cerezas, avellanas, melones, ajos, todo crece en los valles de la Garona cuyo bastión es por supuesto el Chasselas, uva con pepitas de oro. Pero el Tarn-y-Garonne también sabe hacer vino. Si comparte el Fronton con la Haute-Garonne, también tiene el viñedo de Lavilledieu. Implantado por los romanos y propiedad del órden de los templarios en 1254, conoce un éxito mundial durante la Guerra de los Cien Años. Cultivado sobre terrazas de la Garona y del Tarn, propone vinos rosados ideales con charcutería y parrilladas y vinos tintos para acompañar la cocina del país.

Toul

La promenade au bord de la Garonne d'Henri Martin, le Capitole - mairie de Toulouse
(Parmi les promeneurs, on peut voir Jean-Jaurès représenté en noir à gauche)

Toulouse

4e ville de france
Toulouse ville : 390 712 habitants
Toulouse + agglomération : 712 000 habitants
superficie : 11 828 hectares
Toulouse est située à 1 h 00 des stations de ski des Pyrénées, 90 minutes de la Méditerranée, 2 h 00 de l'océan Atlantique

4th largest town in france
Toulouse inner city pop. 390 712
Toulouse connurbation pop. 712 000
area 11,828 hectares
location : 1 hour drive from the Pyrenees ski slopes
90 minutes from the Mediterranean
2 hours from the Atlantic

4a ciudad de Francia
Toulouse ciudad : 390 712 habitantes
Toulouse + aglomeración : 712 000 habitantes
superficie : 11 828 hectáreas
Toulouse está situada a :
1 h 00 de las estaciones de esquí de los Pirineos
90 minutos del Mediterráneo
2 h 00 del Océano Atlántico

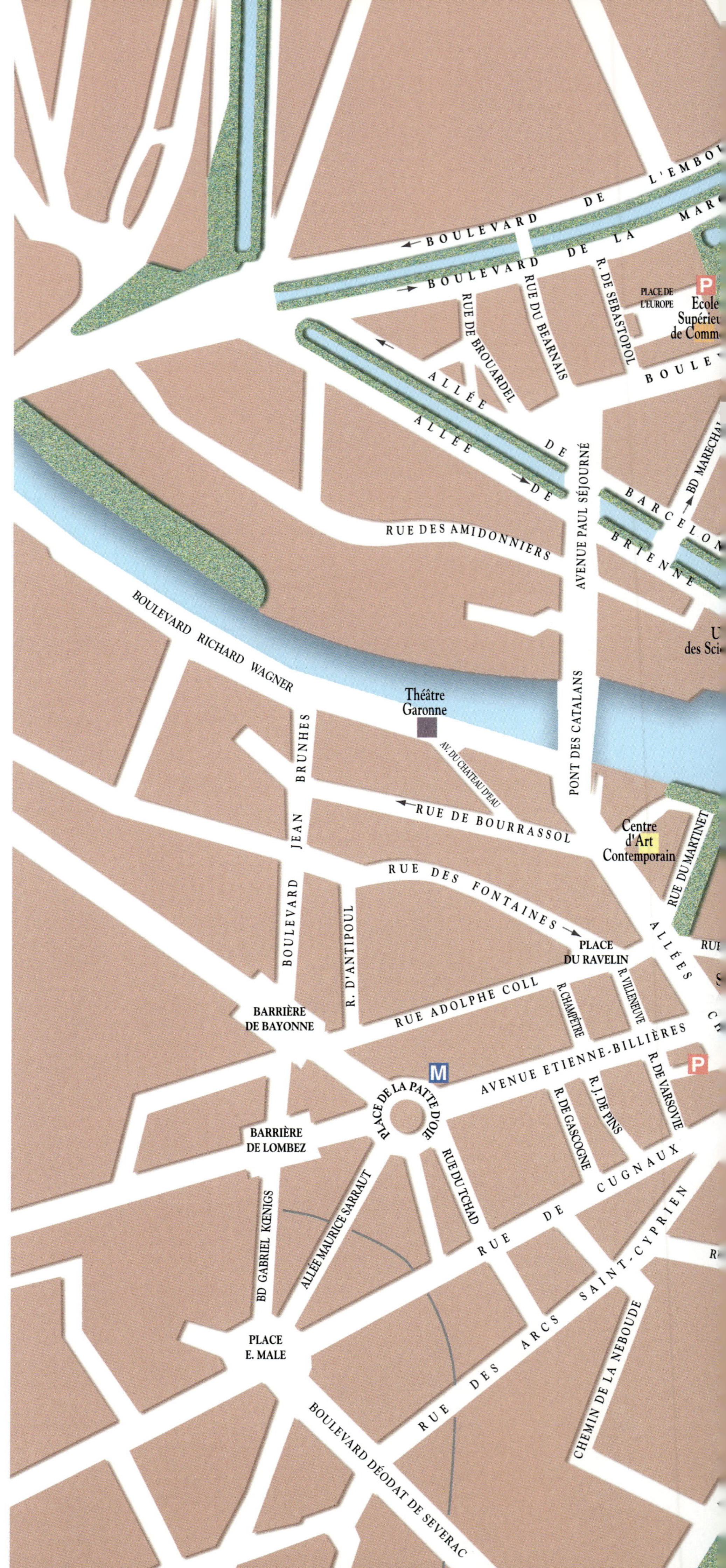

Commissariat
BOULEVARD DES MINIMES
BOULEVARD MATABIAU
Conseil Général
AVENUE HONORÉ SERRES
RUE DU CANON D'ARCOLE
RUE DE LA BALANCE
RUE DES CHALETS
RUE DE LA CONCORDE
Palais des Sports
Centre de Congrès
BOULEVARD D'ARCOLE
PLACE ARNAUD-BERNARD
LASCROSSES
R. LASCROSSES
GARE ROUTIÈRE
GARE SNCF MATABIAU
BOULEVARD PIERRE-SÉMARD
BOULEVARD BONREPOS
AVENUE GEORGES POMPIDOU
RUE DU 10 AVRIL
PLACE MARENGO
RUE MATABIAU
RUE RAYMOND IV
R. AGATHOISE
RUE ROQUELAINE
R. DE L'ORIENT
BAYARD
RUE B. DE BORN
Cité Administrative
RUE D'EMBARTHE
R. MERLY
BOULEVARD DE STRASBOURG
PLACE JEANNE-D'ARC
RUE DE STALINGRAD
PLACE DE BELFORT
RUE DE LA CHAÎNE
R. St-BERNARD
PLACE St-SERNIN
Basilique Saint-Sernin
R. DES SALENQUES
R. DES PUITS CREUSÉS
Musée St-Raymond
Bibliothèque Municipale
BOULEVARD ARMAND-DUPORTAL
LEJEUNE
Université des Sciences Sociales
Cinémathèque
R. DU PERIGORD
R. LAUTMANN
RUE DES LOIS
RUE DU TAUR
R. DE REMUSAT
RUE D'ALSACE - LORRAINE
PLACE VICTOR-HUGO
R. DENFERT ROCH.
CAFFARELLI
R. DALAYRAC
ALLÉES JEAN - JAURÈS
RUE RIQUET
BOULEVARD DE LA GARE
RUE GAZAN
AVENUE DE LA COLONNE
AV. DU CIMETIÈRE
AVENUE DE LA GLOIRE
RUE DES SEPT TROUBADOURS
RUE GABRIEL PÉRI
Saint-Pierre des Chartreux
RUE VALADE
RUE DEVILLE
Taur
PLACE WILSON
Saint-Pierre des Cuisines
R. ROMIGUIÈRES
PLACE DU CAPITOLE
Le Capitole
BOULEVARD LAZARE-CARNOT
Théâtre de la Cité
RUE DE LA COLOMBETTE
RUE DE LA PROVIDENCE
R. PARGAMINIÈRES
PLACE SAINT-PIERRE
QUAI SAINT-PIERRE
Conservatoire
Les Jacobins
RUE LAKANAL
R. GAMBETTA
RUE St-ROME
RUE DE LA POMME
R. LAPEYROUSE
RUE MAURICE FONVIEILLE
PLACE OCCITANE
Saint-Aubin
RUE D'AUBUISSON
R. DES BLANCHERS
R. L'ARREY
QUAI L. LOMBARD
PLACE SALENGRO
R. DU LIEUT. COL. PELISSIER
R. St-ANTOINE DU T.
R. St JEROME
PLACE St-GEORGES
RUE RIQUET
AVENUE CAMILLE PUJOL
PONT SAINT-PIERRE
La Garonne
PLACE DE LA DAURADE
R. J. SUAU
R. Ste-URSULE
R. DES CHANGES
R. PEYRAS
R. A. MERCIÉ
Musée des Augustins
RUE D'ASTORG
R. DU REMPART SAINT-ÉTIENNE
Daurade
R. CUJAS
R. DE LA BOURSE
Hôtel d'Assézat
Beaux-Arts
QUAI DE LA DAURADE
PLACE ESQUIROL
RUE DE METZ
PLACE DUPUY
Halle aux grains
PORT SAINT-ÉTIENNE
rave
RUE VIGUERIE
Hôtel-Dieu St-Jacques
Saint-Nicolas
RUE DU PONT-SAINT-PIERRE
PONT NEUF
RUE DE METZ
RUE DES COUTELIERS
RUE DES PARADOUX
RUE DES FILATIERS
RUE DU LANGUEDOC
RUE CROIX-BARAGNON
Cathédrale Saint-Étienne
Préfecture
ALLÉES FRANÇOIS VERDIER
RUE DES POTIERS
PORT SAINT-SAUVEUR
AVENUE JEAN RIEUX
R. DE LA RÉPUBLIQUE
Château d'eau
PLACE OLIVIER
RUE TOLOSANE
RUE PERCHEPINTE
RUE SAINT-JACQUES
RUE NINAU
RUE NEUVE
Palais Niel
BOULINGRIN
Grand-Rond
RUE LOUIS VITET
R. DES TEINTURIERS
RUE LAGANNE
COURS DILLON
QUAI DE TOUNIS
RUE DE LA GARONNETTE
R. DU PONT DE TOUNIS
Dalbade
R. DE LA DALBADE
PLACE DES CARMES
Musée Paul Dupuy
RUE OZENNE
Jardin Royal
R. PHARAON
R. DE LA FONDERIE
PLACE DU SALIN
ALLÉES JULES - GUESDE
Faculté des Sciences
Muséum d'Histoire Naturelle
Théâtre Sorano
Jardin des Plantes
ALLÉES FRÉDÉRIC MISTRAL
ALLÉE
AV. M. HAURIOU
RUE DE FITTE
PLACE DU FER À CHEVAL
PONT SAINT-MICHEL
PLACE LAFOURCADE
RUE ALFRED DUMERIL
BOULEVARD MONPLAISIR
Musée Labit
ALLEE DES DEMOISELLES
RUE DE MURET
BOULEVARD DU MARÉCHAL JUIN
Hôtel de Région
Parc des Expositions
RUE A. VIADIEU
RUE DES 36 PONTS
RUE SAINT-JOSEPH
AV. FRIZAC
PLACE DU BUSCA
GRANDE RUE SAINT-MICHEL
RUE F. LONGAUD
RUE DU GORP
Musée de la Résistance
Toulouse

De tous temps Toulouse a attiré de nombreuses tribus et peuplades. Mais l'occupation romaine marque son réel développement : carrefour du commerce entre les îles Britanniques et le monde méditerranéen, devenu prospère ville antique de la province Narbonnaise, la cité érigea de nombreux monuments, temples, théâtres, thermes, dont peu de traces subsistent aujourd'hui. Mais l'héritage le plus important est lui bien visible : durant les trois siècles de la Pax Romana (occupation romaine) les Toulousains apprendront la fabrication de la tuile et de la brique. Matériau remplaçant habilement la pierre si peu présente dans la région, la brique confère une couleur sans pareille aux constructions, changeante au gré des heures et des saisons, qui vaut à Toulouse son surmon de «Ville rose».

Buste d'Auguste, musée Saint-Raymond

Toulouse owes its nickname—Ville Rose, (rose-red city)—to the Romans. During the 300 years of the Pax Romana, the inhabitants mastered the techniques for turning the local red clay into roof-tiles and bricks.
A crossroads for trade, from the British Isles to the Mediterranean, Roman Toulouse, or Tolosa, boasted many monuments, temples, theatres and baths. Some of them are still standing today, like the Purpan Arena and the remains of the ancient ramparts. The finest heritage of this era is to be found in the Gallo-Roman sculptures and other works of art in the St Raymond Museum.

Si Toulouse es hoy en día una «Ciudad Rosa», es gracias a los Romanos. Fue efectivamente durante los tres siglos de la Pax Romana que Toulouse aprendió la técnica de la teja y del ladrillo. Plataforma comercial, de las islas británicas al mundo mediterráneo, Tolosa construyó numerosos monumentos, templos, teatros, balnearios... Aún se pueden ver las Arenas de Purpan y la Muralla en diversos puntos de la ciudad y sobre todo los tesoros del arte galo-romano principalemente en el Museo Saint-Raymond.

Musée Saint-Raymond

▪ Le musée des Antiques de Toulouse est installé dans l'ancien collége universitaire Saint-Raymond, chef-d'œuvre de l'architecture de la Renaissance près de la basilique Saint-Sernin.
Récemment rénové, le musée accueille une des plus riches collections de France d'antiquités grecques et romaines découvertes sur des sites de la région. On peut y admirer notament une collection de sculptures exceptionnelle qui compte parmi sa statuaire une superbe galerie de bustes d'empereurs romains.

▪ Museum of Toulouse antiquities and a masterpiece of Middle-Ages architecture, the Museum displays one of the country's finest collections of regional, Greek and Roman heritage. The sculptures are quite exceptional, the portrait gallery of Roman emperors is superb.

▪ Museo de las Antigüedades de Toulouse y obra maestra de arquitectura de la Edad Media, el museo alberga una de las colecciones más ricas de Francia en cuanto a antigüedades regionales, griegas y romanas, y en especial una colección de esculturas excepcional así como una galería de retratos de emperadores romanos sublime.

Musée de l'Institut catholique

▪ Ouvert sur rendez-vous, ce musée présente une maquette de la ville à l'époque romaine, une collection de sculptures et un pan du rempart romain.

▪ Model of Roman Toulouse, sculptures and parts of the Roman defences.

▪ Maqueta de la ciudad romana, colección de esculturas y muralla romana.

Remparts romains

▪ Visibles en plusieurs points de la ville, on peut en voir quelques vestiges au square Charles-de-Gaulle et dans le théâtre de la Cité.

▪ Can be spotted in various sites around the town: in Charles de Gaulle square for example, and in the foundations of the Labéda theatre.

▪ Visibles en varios puntos de la ciudad como en la plaza Charles de Gaulle y dentro de poco en las fundaciones del teatro Labéda.

Tolosa,
la romanité

Musée Saint-Raymond

Les Comtes de Toulouse

Charlemagne en son temps repoussa les Sarrasins venus d'Espagne, l'histoire en est connue, la mort de son neveu Roland au célèbre olifant, maintes fois racontée. Pour protéger le sud de son empire, il instaura une suzeraineté chargée d'en défendre les frontières. Ainsi fut fondée la dynastie des Comtes de Toulouse qui dura quatre siècles. Paradoxalement, peu de monuments évoquent encore leur histoire. Le Château Narbonnais, palais des Comtes de Toulouse, fut détruit au XVIe siècle. Il n'en reste rien de nos jours, si ce n'est l'actuel palais de Justice, édifié sur l'emplacement d'extensions construites à partir de 1313 pour les besoins du parlement. Le tombeau roman enchâssé dans la façade de Saint-Pierre-des-Cuisines est attribué par la légende à Guillaume IV, prince fondateur du prieuré. Bien qu'il n'en soit rien, ce lieu reste privilégié dans les rapports entre suzerains et Toulousains : ici, Raymond IV annonce son départ aux croisades, Raymond V concède aux Capitouls le droit de justice, Raymond VI confirme ce privilège et reçoit le serment de fidélité des Toulousains. La renommée de certains Comtes traversa la nuit des temps comme Frédelon, réel fondateur de la dynastie, les Comtes Raymond, brillants seigneur qui prirent tous les risques pour leur comté, obtenant ainsi l'affection indicible des Toulousains. Aussi, sept siècles après l'annexion à la couronne de France, la croix occitane, croix des Comtes de Toulouse, reste le symbole majeur de notre région.

In his time, Charlemagne pushed back the Saracens coming from Spain. This is familiar history to the French and those who have studied mediaeval literature, with the heroic death of his nephew Roland and the famous hunting horn. To protect his kingdom from the south, he set up a lordship entrusted with defending the borders. This marked the start of four centuries of the dynasty of the Counts of Toulouse. Paradoxically, few monuments remind us of their history. The Château Narbonnais, the Palace of the Counts of Toulouse, was destroyed in the 16th century. Nothing is now left of it except the present law courts, built where the extensions to the Palace were erected from 1313 on for the needs of the Parliament. The Romanesque tomb enshrined in the facade of the Saint Pierre des Cuisines Priory is attributed by legend to Guillaume IV, the prince who founded the Priory. Although this legend is false, the place still constitutes a privileged place marking the strong relations that existed between the lords and the Toulouse townspeople. Here it was that Raymond IV announced his departure for the crusades, that Raymond V conceded to the Capitouls or municipal magistrates the rights to mete out justice and Raymond VI confirmed this privilege and received the oath of loyalty from the people of Toulouse The reputation of some of the Counts has come down to us over time, as with Frédelon, the line's true founder and the Counts who bore the name Raymond, outstanding noblemen who took extraordinary risks to serve their earldom, thus obtaining the unwavering affection of the Toulouse people. So, seven centuries after annexation to the French crown, the official flags that fly over the Capitol and the sculptured bronze cross inlaid in the paving of the Capitole square feature the Occitan cross, the cross of the Counts of Toulouse, which remains the main symbol for our region.

Por aquél entonces, Carlosmagno refrenó a los sarracenos venidos de España. La historia ya la conocen todos, su sobrino Roland murió en el célebre olifante. Para proteger el sur, tuvo la idea de construir una soberanía feudal con objeto de defender sus fronteras. De esta manera empezaron los cuatro siglos de dinastía de los Condes de Toulouse. Paradójicamente, existen pocos monumentos que evocan aún esta historia. El Castillo de Narbonais, Palacio de los Condes de Toulouse, fue destruido en el siglo XVI. Hoy en día no queda nada, salvo el Palacio de Justicia actual, edificado sobre las extensiones del Palacio, construidas a partir de 1313 para las necesidades del Parlamento. Cuenta la leyenda que la tumba románica empotrada en la fachada de Saint Pierre des Cuisines pertenece a Guillermo IV, príncipe fundador del priorato. Aunque no sea cierto, fue un lugar privilegiado para los encuentros entre los soberanos feudales y los habitantes de Toulouse, pues fue desde aquí que Raymond IV anunció que iba a partir para las cruzadas, que Raymond V concedió a los Capitouls el derecho a tener su propio palacio de justicia y que Raymond VI confirmó este privilegio y recibió el juramento de fidelidad de los habitantes de Toulouse. El renombre de algunos Condes todavía sigue vigente hoy, como Fredelon, verdadero fundador de la dinastía, los Condes Raymond, brillantes señores que tomaron todos los riesgos para salvar su condado, obteniendo de esta manera el cariño de los habitantes de Toulouse. Siete siglos después de la anexión a la corona de Francia, la cruz occitana, cruz de los Condes de Toulouse, sigue siendo el símbolo más importante de nuestra región.

Sarcophage roman dans un enfeu, dit « tombel de Guillem », Saint-Pierre-des-Cuisines

Les Comtes de Toulouse

Tout commence en 1152, le Comte Alphonse Jourdain crée un Commun Conseil intégrant quelques notables de la cité à son cercle habituel de nobles conseillers. Cette gestion de la municipalité connut un tel succès que les habitants exigèrent la mise en place d'une véritable république toulousaine, dirigée uniquement par des membres élus par la population, nommés Capitouls. Ce fut chose obtenue en 1189, sans mettre en cause pour autant la suzeraineté des Comtes de Toulouse. De nombreux hôtels particuliers s'enrichirent de tours capitulaires, privilège architectural accordé uniquement aux Capitouls, et la Maison Commune fut édifiée, aujourd'hui devenue le Capitole, siège de la mairie et du théâtre.

In 1152, Count Alphonse de Jourdain set up a 'common council', integrating some of the leading citizens into his privy council, to take decisions on the day-to-day administration of the town. The people of Toulouse, Toulousains, were so taken by the experiment that they insisted on creating a Toulouse Republic, to be ruled only by the Capitouls, the elected representatives of the population.
Six centuries of Capitoul rule significantly enriched the city's heritage, like the Capitulaire Towers, symbols of the owners' functions, or the 'common meeting house' where they met to deliberate. This latter was to become the Capitole, today's home of both the City Hall and the municipal theatre.

El Conde de Toulouse Alphonse Jourdain creó en 1152 un consejo común en el que integró en su círculo de consejeros algunos notables de la ciudad para solventar los problemas administrativos cotidianos. El éxito de esta idea fue tal que los tolosinos exigieron la puesta en servicio de una república tolosina donde la administración de la ciudad sólo fuese gestionada por los Capitouls, representantes de la población elegidos. De los seiscientos años que duró esta administración, el patrimonio de Toulouse se enriqueció con torres capitulares, símbolo de la función, y de la Casa común donde se reunían y que más tarde se convertirá en el Capitole, donde se encuentra actualmente el Ayuntamiento de Toulouse.

Les Capitouls

© STC VILLE DE TOULOUSE

Le Capitole

▪ Sa façade XVIIIe. longue de 128 m, es t ornée de 8 colonnes de marbre rose, le fronton décoré d'allégories de la Force et de la Justice, l'aile nord surmontée des statues de Clémence Isaure et de Pallas Athéna et l'aile sud (abritant le théâtre) des statues de la Tragédie et de la Comédie. Une plaque commémorative de l'exécution du Duc de Montmorency est visible au sol de la cour Henri IV.

▪ The Capitole has a 420ft, 18th century facade featuring 8 rose marble columns, the pediment decorated with allegoric representations of Power and Justice. The north wing has statues of Clémence Isaure and Pallas Athéna. The south wing houses the municipal theatre, with statues of Comedy and Tragedy. A commemorative plaque in the central courtyard marks the place where the Duke de Montmorency was executed.

▪ Fachada del siglo XVIII larga de 128 m, ornada con 8 columnas de márbol rosa, frontón decorado con alegorías de la fuerza y de la justicia, ala norte rematada con estatuas de Clémence Isaure y de Pallas Athéna y ala sur que alberga el teatro, con estatuas de la Tragedia y de la Comedia. Placa conmemorativa en el patio Henri IV de la ejecución del Duque de Montmorency.

Donjon du Capitole

▪ Ancienne tour des archives, ce bâtiment du XVIe siècle rénové au XIXe siècle par Viollet-le-Duc, abrite maintenant l'Office de Tourisme de Toulouse.

▪ Built in the 16th century to house the city archives, the Donjon was renovated by Viollet-le-Duc in the 19th century and is now the Toulouse Tourist Office.

▪ Antigua torre para los archivos, este edificio del siglo XVI, renovado en el siglo XIX por Viollet-le-Duc, alberga hoy la Oficina de Turismo de Toulouse.

Tours Capitulaires

▪ Difficile de les indiquer toutes ! Le meilleur moyen est de déambuler dans le vieux Toulouse, notamment rue de la Dalbade et rue Ozenne

▪ The Capitular Towers are best discovered by strolling, eyes roofwise, along old streets like the Rue Dalbade and Rue Ozenne.

▪ ¡Difícil de indicarles todo! La mejor manera es de pasear por la calle de la Dalbade y por la de Ozenne.

Les Capitouls

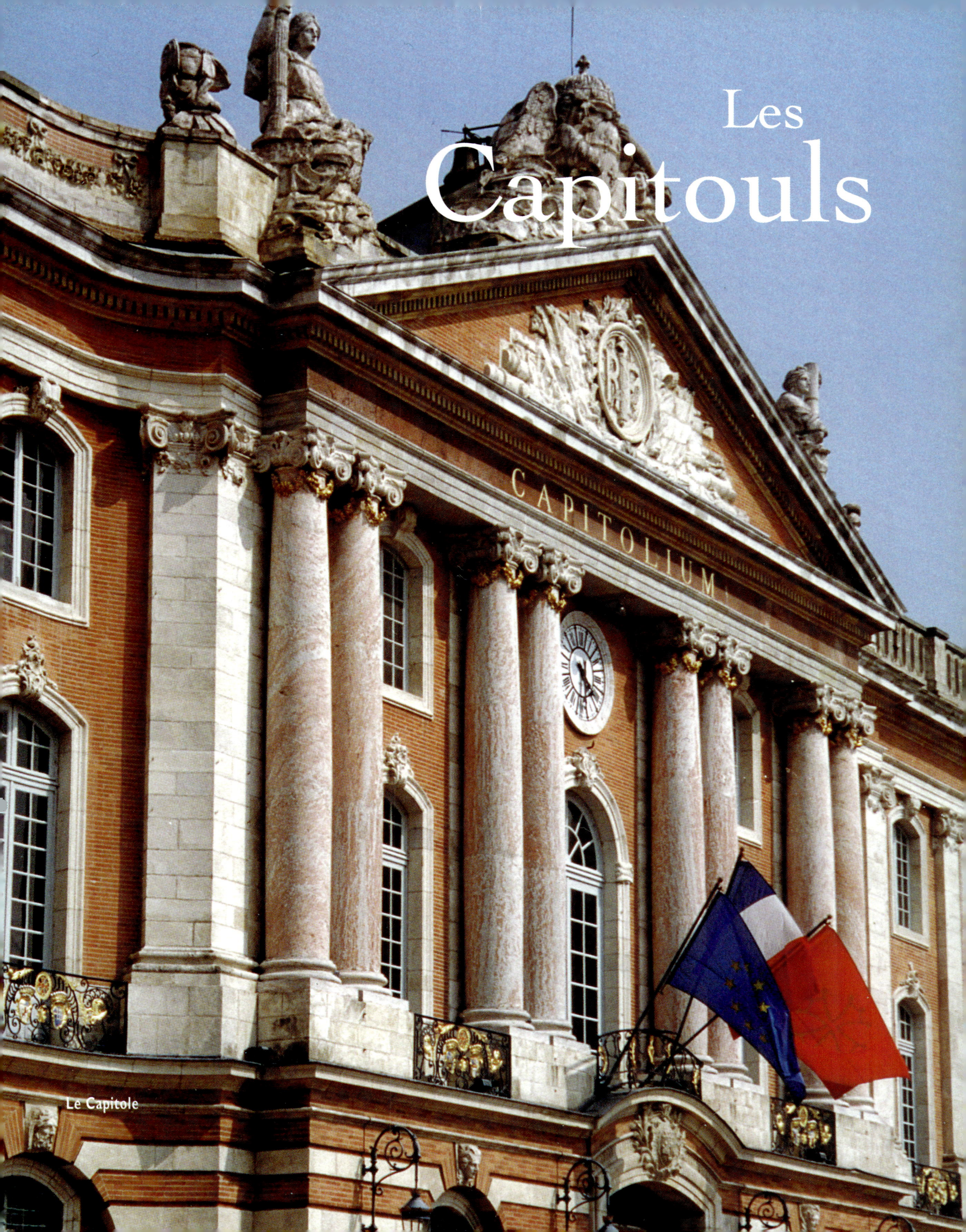

Le Capitole

Au XIe siècle le catharisme éclôt en Languedoc. Il déchaînera une terrible croisade politique et religieuse. Cette période douloureuse qui incendia toute l'Occitanie marqua la fin de l'indépendance du Comté de Toulouse, rattaché à la couronne de France en 1271. A sa liberté perdue, Toulouse trouva comme compensations l'extension de ses privilèges municipaux et l'établissement d'une université. Avec l'Inquisition, la domination du clergé s'affirme et aux Dominicains dont l'ordre est formé à Toulouse, s'ajoutent les Franciscains, les Augustins, les Carmes... Couvents et collèges viennent s'édifier dans la cité, nombre d'entre eux sont de nos jours des monuments essentiels.

In the 11th century, the Cathar heresy spread throughout the Languedoc region and a political crusade was organised by Paris and Rome. The end of much suffering and turbulence also saw the end of Toulouse County's independence, with its attachment to the French crown in 1271. Toulouse's lost liberty was compensated by the increased power of the municipality and the establishment of a University, France's second. The Church's power too was boosted. Franciscans, Augustinians and Carmelites came to join the Dominicans, who's Order was founded here. The convents, churches and colleges remaining are now part of the city's principal monuments.

En el siglo XI el catarismo estalla en el Languedoc. Tienen lugar entonces verdaderas cruzadas políticas. Este periodo doloroso que encendió toda Occitania marca el final de la independencia del Condado de Toulouse y la incorporación a la corona de Francia en 1271. Frente a su libertad perdida, Toulouse encontró compensaciones tales como la extensión de sus privilegios municipales y la creación de una universidad. Símbolo de la dominación del clero, a los Dominicanos cuyo órden se formó en Toulouse se suman los Franciscanos, los Agustinos y los Carmes. Se edifican también conventos y colegios en la ciudad de los que muchos de ellos representan hoy en día monumentos esenciales.

Les Jacobins

▪ Commencée en 1230, la construction de l'église et du couvent, siège de la première université de Toulouse, se poursuit aux XIIIe et XIVe siècles. Quartier d'artillerie sous le Premier Empire, l'ensemble conventuel fut réhabilité en 1974. Le corps de saint Thomas d'Aquin repose dans l'église, mère de l'ordre des Dominicains. De type gothique du midi, sa construction est caractérisée par une voûte de 28 m de haut, portée par 7 colonnes dont la dernière soutient la voûte tournante, avec ses 22 nervures alternativement minces et larges qui lui valent l'appellation de palmier.

▪ Seat of Toulouse's first university in 1230, the church and convent were completed in the 13th and 14th century. Quarters for Napoleon's Artillery, the Jacobins buildings were finally restored in 1974. Of typical southern Gothic style, the original Dominicans' mother house contains a gilded wooden casket with the relics of St Thomas Aquinas. Built entirely in the local russet-coloured bricks and tiles, the church's simple decoration is highlighted by its sheer volume. The vault is over 90 feet high, supported by seven columns, the last of which flares out into 22 ribs like a spreading palm, enhanced by red and green outlines.

▪ Primera universidad de Toulouse, empezada en 1230, la construcción de la iglesia así como del convento duró todo el siglo XIII y XIV. Cuartel de artillería bajo el Primer Imperio, el conjunto conventual fue rehabilitado en 1974. De tipo gótico del Midi, la iglesia madre del Orden de los Dominicanos acoge el cuerpo de San Tomás de Aquín. Su extra-ordinaria construcción se caracteriza por su bóveda de 28 m de alto sostenida por 7 columnas de las que la última soporta la bóveda giratoria con 22 nervaduras alternativamente estrechas y delgadas, y anchas que le han valido la apelación de *palmera*.

Cathédrale Saint-Etienne

▪ Première église du diocèse, la construction de la cathédrale démarre en 1078. Malgré les sièges et les misères de la répression de l'hérésie cathare, Raymond VI fit construire la nef romane de la cathédrale avec, en clef de voûte, la croix des Comtes de Toulouse.

▪ Seat of the Toulouse Diocese, the cathedral begun in 1708. In spite of various sieges and the terrible wars of repression against the Cathars, count Raymond VI built the Romanesque nave with its keystone imprint of the Occitan Cross, emblem of the Toulouse counts.

▪ Primera iglesia del Diócesis tolosino, la construcción de la catedral empieza en 1708. A pesar de las invasiones y de las miserias de la represión de la herejía cátara, Raymond VI hace construir la nave romana cuya clave de bóveda está decorada con la cruz de los condes de Toulouse.

Hérésie cathare et Inquisition

Le palmier, église des Jacobins

[…]u XIIe au XVIe siècle, Toulouse fu[…] des étapes majeures du Languedoc pour les cohortes de pèlerins sur les routes de Saint-Jacques-de-Compostelle. Ces marcheurs de Dieu ont laissé leurs empreintes aux travers des hôpitaux et ensembles conventuels dédiés à leur accueil. L'immense basilique Saint-Sernin, plus vaste édifice roman de l'occident, recevait les innombrables pèlerins de l'Europe entière venant par la «Via Tolosa». Chef-d'œuvre d'architecture romane, la «merveille du midi» rappelle aux visiteurs la puissance de la foi chrétienne au Moyen Age.

From the 12th-14th centuries, Toulouse was a major stopping place for the multitude of pilgrims wending their way to Compostella. Europe's most popular Middle Ages pilgrimage has left Toulouse with several hospitals and convents built to cater to the pilgrims. The biggest Romanesque monument in the West, St Sernin basilica, received thousands of the pilgrims who had taken the Via Tolosa route to St James' shrine in northern Spain. An architectural masterpiece, the basilica is a silent reminder of the power of the Christian faith in those times.

Desde el siglo XII hasta el XVI, Toulouse fue una de las etapas más importantes del Languedoc para las cohortes de peregrinos camino de Santiago de Compostela. Estos caminantes de Dios han dejado sus huellas a través de los hospitales y conjuntos conventuales dedicados a acogerles. La inmensa basílica de Saint Sernin, edificio románico más grande de todo occidente, recibía los innumerables peregrinos de toda Europa que venían por la *Vía Tolosa*. Obra maestra de arquitectura románica, la «maravilla del midi» recuerda a los visitantes la fuerza de la fé cristiana durante la Edad Media.

Basilique Saint-Sernin

▪ Premier évêque de Toulouse, saint Saturnin appelé aussi saint Sernin, fut martyrisé en 250, traîné par un taureau lâché dans la ville. D'où le nom de la rue du *Taur* menant à la basilique construite en son hommage. Plus belle des grandes églises romanes du Midi, elle est aussi la plus riche en reliques. Consacrée en 1096, le Pape Urbain déposant à cette occasion la châsse contenant les reliques de l'évêque martyr, la construction de l'édifice s'acheva au XIVe siècle. Restauré en 1855 par Viollet-le-Duc et Baudot, le bâtiment a retrouvé depuis 1990 son aspect d'origine. Exemple parfait de grande église de pèlerinage, la nef particulièrement vaste, haute de 21 m, est conçue pour accueillir les dévotions de milliers de fidèles.

▪ Toulouse's first bishop was St Saturnin, also called St Sernin. In 250, he suffered martyrdom by being trailed through the town attached to a bull (*taureau*), whence the name of the street linking the central Place Capitole to St Sernin basilica, Rue du Taur. The white stone and russet-brick basilica is 380 ft long, with a barrel-vaulted nave 70 ft high. It is one of the biggest and most beautiful Romanesque churches in southern Europe, and also one of the richest in relics. Consecrated by Pope Urban II in 1096, the building was completed in the 14th century.

▪ Primer obispo de Toulouse, San Saturnino llamado también San Sernin, martirizado en el año 250, fue arrastrado por un toro suelto en la ciudad... de allí el nombre de *Taur* (pronunciad Tor) dado a la calle que da a la basílica construída en su homenaje. La más bella de las grandes iglesias románicas del Midi, es también la más rica en cuanto a reliquias. Consagrada en 1096, el Papa Urbain deposita para la ocasión el relicario con las reliquias del Obispo mártir, y no es hasta el siglo XIV que se termina la construcción del edificio. Ejemplo perfecto de gran iglesia de peregrinaje, la nave especialmente ancha, alta de 21 m, está concebida para acoger la devoción de los miles de peregrinos.

Hôtel-Dieu Saint-Jacques

Hôtel Dieu Saint-Jacques

▪ Construit à l'extérieur pour protéger la cité des épidémies, l'Hôtel-Dieu, premier hôpital de Toulouse, accueillait les pèlerins fatigués ou malades.

▪ The Hôtel Dieu was the town's first hospital. The dome-topped building was constructed outside the city limits of the time, to guard against the spread of epidemics brought in by the beggars and sick pilgrims.

▪ Primer hospital de la Ciudad, el Hôtel-Dieu estaba originalmente situado en el exterior de la Ciudad por seguridad en caso de epidemia, con la vocación de acoger los mendigos y los peregrinos enfermos.

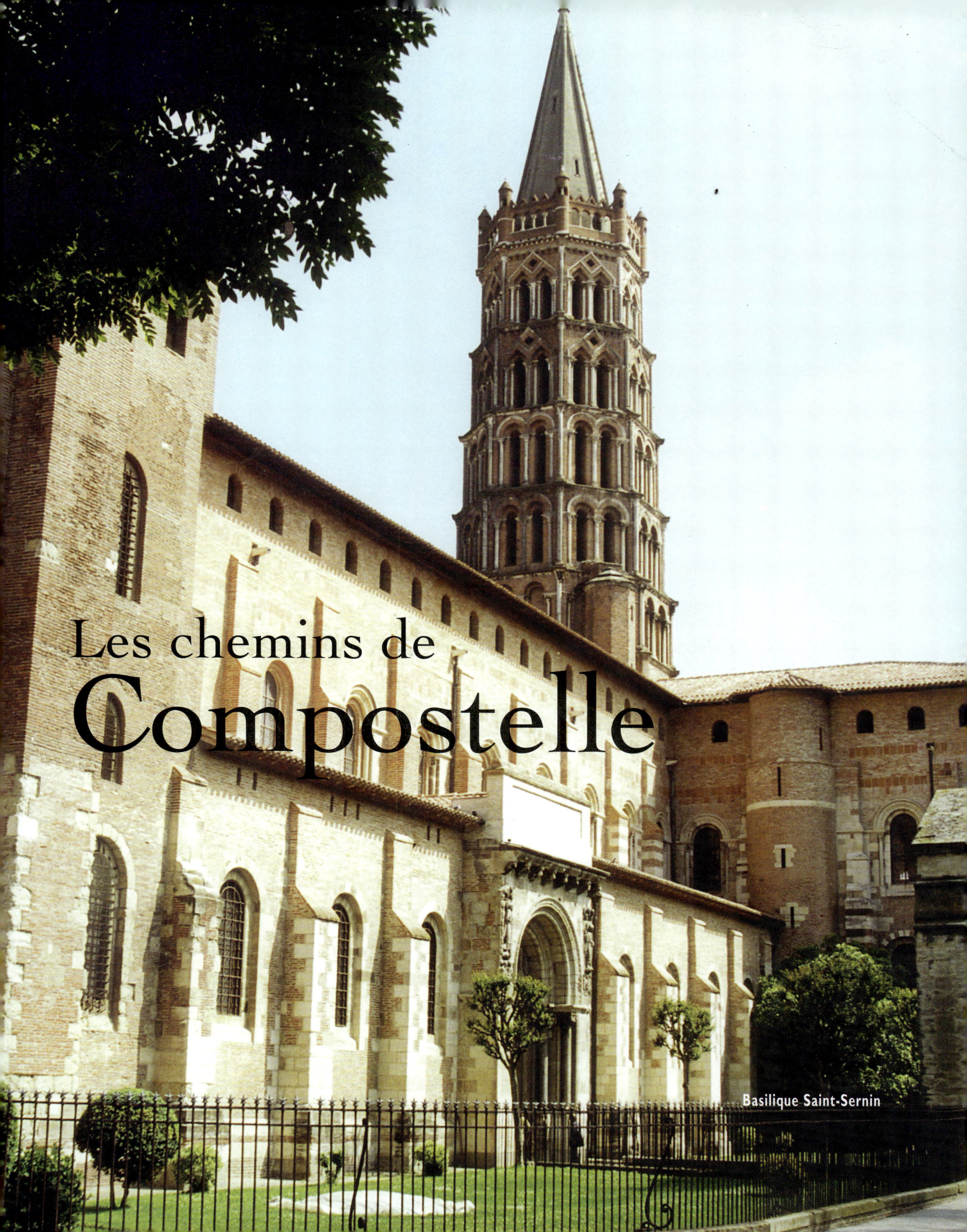

Les chemins de Compostelle

Basilique Saint-Sernin

Avec le commerce du pastel, plante tinctoriale bleue, Toulouse connaît une nouvelle fortune qui la propulsera aux premiers rangs des grandes places marchandes européennes. Tous les flamboiements intellectuels et artistiques de la Renaissance sont résumés dans la simple expression *Pays de Cocagne* inspirée du procédé de transformation de la plante, séchée sous forme de coque. Les maîtres pastelliers construisent alors de très nombreux hôtels particuliers mais s'intéressent aussi grandement à l'art et aux plaisirs de l'esprit. Cette fabuleuse période est brutalement interrompue par l'arrivée de l'indigo. L'hôtel d'Assézat est le plus beau témoignage de cette renaissance toulousaine. Il est le siège des académies de sciences de la ville, dont la séculaire académie des Jeux Floraux. Récemment rénové, il accueille, depuis 1997, les collections d'art de la fondation Bemberg.

Hôtel de Bernuy

Hôtel de Pierre

The literary, artistic and scientific upsurge of the Renaissance was enhanced for Toulouse by an economic boom based on pastel or woad, a plant that gives an indelible blue dye. The leaves were crushed and rolled into balls to dry. The balls were called 'coques', and the word was taken to describe the Toulouse area as the 'Land of Cockaigne', a term invented nearly three centuries earlier for a land of plenty. The merchants used their money to build sumptuous mansions (*hôtels*) which are among the attractions of Toulouse today. One of the finest is the Hôtel d'Assezat, completed in 1562, which now houses the Academy of Science and the art collections of the Bemberg foundation.

Con la hierba pastel, Toulouse conoce un nuevo apogeo. Todo el resplandor tanto intelectual como artístico del Renacimiento, procedente de esta industria que propulsó Toulouse a los primeros puestos de los grandes ejes comerciales europeos, se resume en la simple expresión País de Cocaña, cuyo prefijo *coque* remite a la hierba pastel, planta crucífera de cuyas hojas se saca un color azul. Los maestros pastelistas construían en la ciudad numerosos hoteles particulares. Símbolo de este Renacimiento en Toulouse, el hotel de Assézat, recientemente renovado, alberga hoy en día las academias de ciencias de la ciudad así como las colecciones de la Fundación Bemberg.

En se promenant du Capitole au quartier Saint-Etienne, on peut découvrir de nombreux hôtels :

Hôtel de Bernuy
1 rue Gambetta

Hôtel d'Astorg et Saint-Germain
16 rue des Changes

Maison de Pierre Del Fau
20 rue de la Bourse

Hôtel de Huc Boysson,
11 rue Malcousinat

Hôtel d'Assézat,
Place d'Assézat

Hôtel de Clary
ou Hôtel de pierre
25 rue de la Dalbade

Hôtel Molinier
22 rue de la Dalbade

Hôtel Béringuier-Maynier
ou du Vieux-Raisin
26 rue du Languedoc

Hôtel de Rabaudy de Paucy
dit «maison de la Belle Paule»
16 rue du Languedoc

Hôtel de Dahus
9 rue Ozenne

Hôtel d'Ulmo
13 rue Ninau

Hôtel de Jean de Mansencal
3 rue Espinasse

L'or bleu de la Renaissance

Hôtel d'Assézat

De sa source montagnarde espagnole, la Garonne garde toute sa fougue. De ses débordements, on retiendra pour l'anecdote le fameux « *Que d'eau, que d'eau* » que les terribles inondations de 1875 inspirèrent au Maréchal MacMahon. Depuis toujours lieu de vie et d'activités, c'est du fleuve que l'on peut admirer un des plus beaux paysages urbains de France : le quai de Tounis. Berges aménagées en promenade, monuments riverains rénovés et illuminés, navettes fluviales lors de grands événements, bateaux-mouches et bateaux-restaurants, le fleuve désormais réconcilié avec Toulouse se prête aimablement aux joutes nautiques et autres festivités.

The Garonne is said to have inherited its latin temperament from its source in the Spanish Pyrenees. Marshal McMahon's famous *'Water, water everywhere'* was inspired by his vision of the terrible floods that struck the city in 1875. The river was always the focal point of local life and activity and is still the best place from which to take in one of the finest waterfronts in France. The riverbanks are laid out as promenades and the riverside buildings have been restored and lit up. Today, shuttles cross the tamed river during major public events; there are boat trips and floating restaurants. The Garonne is also the scene of river jousting and other water-borne events.

De sus orígenes en las montañas españolas, la Garona guarda toda su fogosidad. De sus desbordamientos, nos quedaremos con la famosa anécdota «*Cuánta agua, cuánta agua*» que las terribles inundaciones de Toulouse en 1875 inspiraron al mariscal MacMahon. Lugar de vida y de actividades desde siempre, es allí desde donde podemos admirar uno de los más bellos paisajes urbanos de Francia. Orillas habilitadas en paseos, monumentos ribereños renovados e iluminados, barco-buses fluviales para los grandes acontecimientos, paseos en barco y restaurantes sobre el agua, el río se ha reconciliado con Toulouse y se presta amablemente a las justas náuticas y otras festividades.

La Garonne

Toulouse

De tous temps les fontaines sont à Toulouse un point de rencontre privilégié : autrefois alimentées par la Garonne pour fournir l'eau nécessaire, elles rafraîchissent maintenant les terrasses de cafés installées *jusque tard* dans la nuit sur toutes les places de la ville. Anciennes ou contemporaines, lieux magiques de jour comme de nuit, chacune à son histoire et de leurs bruissements d'eau un visiteur attentif apprendra les secrets de la cité et verra peut-être ses souhaits exaucés…

Place de la Trinité

Fountains have long been a focal point of Toulouse daily life. Until last century, they provided the water supply and were fed by the Garonne. Now they bring their splash and sparkle to the lively Café terraces, busy until late at night in most of the town's squares.

Desde siempre, las fuentes representan en Toulouse un punto de encuentro privilegiado: antiguamente alimentadas por la Garona para abastecer la ciudad en agua, refrescan ahora las terrazas de los cafés instalados hasta bien entrada la noche en todas las plazas de la ciudad. Antiguas o contemporáneas, lugares mágicos tanto de día como de noche, cada una tiene su historia y de su susurro un visitante atento aprenderá los secretos de la ciudad y a lo mejor sus sueños se harán realidad…

Détail de la plus ancienne fontaine de Toulouse, place Saint-Etienne

Allégorie de l'Ariège rejoignant la Garonne, place Lafourcade

Détail de la fontaine commémorative des grandes innondations de 1875, place Olivier

Fontaines
magiques

Une ville construite à la campagne, cette douce utopie a peut-être trouvé sa concrétisation à Toulouse : dix arbres sont plantés chaque jour et depuis plus de vingt ans, la ville n'a de cesse d'enrichir son patrimoine en espaces verts. Ainsi, plus de mille hectares s'offrent aux promenades insouciantes, des grands jardins du XVIIIe siècle, reliés entre-eux par des ponts de verdures, au récent jardin Compans-Caffarelli avec son surprenant jardin Japonais...

Le square Raymond VI

A town in the country? Just a few minutes drive from the vast expanses of some of France's most inviting and varied countryside, Toulouse itself grows greener with the years: the equivalent of ten trees have been planted everyday for the last 20 years. The town invests significantly in developing its greenspace, public parks and walks. From the 18th century French gardens to the award-winning Japanese garden laid out in Compans Cafarelli, over 2,500 acres are open to the public.

Una ciudad construída en el campo, esta dulce utopía puede haberse concretizado con Toulouse: en efecto, cada día se plantan diez árboles y desde hace veinte años, la Ciudad no ha dejado de enriquecer su patrimonio con espacios verdes. Ha sido recompensada por una de sus últimas creaciones, el jardín japonés. Así, en estos puentes llenos de verdor que unen los jardines del siglo XVIII a los jardines Compans-Caffarelli, más de 1000 hectareas se ofrecen a los amantes de los paseos.

Jardin Royal

▪ Jardin avec lac aux cygnes et canards, relié par passerelle au Grand-Rond

▪ Garden with lake (swans and duck), with a walkway to the Grand Rond

▪ Jardín con pequeño lago con cisnes y patos, unido por una pasarela con el Grand-Rond

Jardin du Grand Rond

Jardin du Grand-Rond

▪ Jardin avec grand bassin à jet d'eau, kiosque à musique, relié par passerelle au jardin Royal et jardin des Plantes

▪ Garden with fountain and bandstand, linked by a walkway to the jardin Royal and jardin des Plantes

▪ Jardín con gran estanque central y surtidor, kiosco con música, unido por una pasarela con el jardín Real y el jardín des Plantes

Jardin des Plantes

▪ Grand parc aux milliers d'essences d'arbres, espace de jeux pour les enfants, manèges, balades en poney

▪ In a large park planted with all sorts of exotic trees and plants, a games area for children, roundabouts and pony rides

▪ Gran parque con miles de esencias de árboles, espacio de juegos para los niños, tiovivos, paseos en poney...

Jardin Compans-Caffarelli

▪ L'un des plus grand parc de Toulouse avec son lac, lieu d'initiation de pêche à la mouche, le jardin japonais, espace de jeux pour les enfants, manèges.

▪ Toulouse's biggest park, with a lake, a Japanese Garden, roundabouts and games for children.

▪ El parque más grande de Toulouse con su lago, lugar de iniciación a la pesca, el jardín japonés, espacio de juegos para los niños, tiovivos.

Jardin Raymond VI

▪ Nouvelle promenade au pied des remparts, entre la Garonne et le centre d'Art Moderne et Comtemporain.

▪ A new walk below the ramparts, between the Garonne River and the Modern and Contemporary Arts Centre.

▪ Nuevo paseo al pie de las murallas, entre la Garona y el centro de Arte Moderno y Contemporáneo.

ville de jardins

Jardin japonais du jardin Compans-Caffarelli

Plus de 15 ans de travaux ont été nécessaires à Pierre-Paul Riquet pour creuser un canal de 240 km, reliant la Garonne à la Méditerranée. Cette voie commerciale, complétée au XIXe siècle par le canal Latéral la reliant à l'Atlantique, fut inaugurée en 1681 et verra jusqu'à 1 600 bateaux transiter quotidiennement par Toulouse.
De nos jours, le trafic commercial a laissé la place à la navigation de plaisance et les chemins de halage magnifiquement ombragés sont devenus un des lieux privilégiés des sportifs et des promeneurs. Ce chef-d'œuvre vient d'être classé au patrimoine mondial de l'humanité par l'UNESCO.

Engineering genius Pierre-Paul Riquet built the 150-mile canal linking the Garonne to the Mediterranean in just 15 years. Opened in 1681, it was enhanced in the 19th century by the Lateral Canal running West to the Atlantic. Up to 1,600 merchant boats a day went through Toulouse, until the arrival of rail transport killed the business. Pleasure boats cruise here today and the tree-shaded tow paths are favourite promenades for strollers and joggers alike. A statue of Pierre-Paul Riquet now stands by the sleepy waters of the canal at the top of the Allées Jean-Jaurès.

Más de 15 años de obras han sido necesarios para que Pierre Paul Riquet acabe con éxito la construcción de esta obra maestra de 240 km. que une la Garona con el Mediterráneo. Enriquecida en el siglo XIX con un canal lateral que la unía con el Atlántico, esta vía comercial, inaugurada en 1681, verá transitar cada día hasta 1600 barcos por Toulouse. Hoy en día, el tránsito comercial ha dejado sitio a los placenteros y a los caminos de sirga magníficamente sombreados por este monumento, recientemente catalogado patrimonio mundial de la Unesco, y se ha convertido en uno de los lugares privilegiados para les deportistas y los Tolosinos.

Le canal de Brienne, reliant le Canal du Midi à la Garonne par l'écluse Saint-Pierre

Canal du Midi

Le canal du Midi vu du pont des Demoiselles

Aussi riches et divers que son patrimoine sont les musées de Toulouse. Nombres d'entre eux sont installés en des lieux prestigieux ou originaux. Prestigieux pour les Augustins, musée des Beaux-Arts de Toulouse. Ce musée porte le nom de l'ensemble conventuel, de type gothique méridional, qui abrite ses exceptionnelles collections, peinture et sculpture du début du Moyen Age aux premières années du XXe siècle.
Original comme la maison de Georges Labit, écrin des collections d'art égyptien, copte et asiatique, que cet esthète éclairé légat à sa ville. Autres passions, autres musées, Paul Dupuy et ses extraordinaires pièces d'horlogerie, le musée du Vieux Toulouse, animé et perpétuellement enrichi par *les Toulousains de Toulouse*, le musée de la Médecine installé en l'Hôtel-Dieu Saint-Jacques, premier hôpital de la ville….

The museums of Toulouse are as rich and varied as its heritage. Many of them are housed in buildings with a prestigious past or that are extremely original. The Augustins, the museum of the fine arts in Toulouse, is of the first type. It bears the name of the southern gothic style set of monastic buildings and houses a fantastic collection of paintings and sculptures dating from the early Middle Ages through to the beginning of the 20th century. Great originality is seen in the former home of the traveller and collector Georges Labit, a treasure-house of antiques and collections of Egyptian, Coptic and Asian art the great aesthete bequeathed to his City. Other special interests are catered for in the Paul Dupuy Museum and its fascinating collection of applied arts going from the Middle Ages to the present day, the Musée du Vieux Toulouse, run and constantly being enriched by the "Toulousains de Toulouse" club, the Museum of Medicine housed in the Hôtel-Dieu, the City's first hospital, and so on.

Los museos de Toulouse son tan ricos y diversos como su patrimonio. Muchos de ellos están instalados en lugares de gran prestigio u originalidad. Prestigioso para los Agustinos, el museo de las Bellas-Artes de Toulouse lleva el nombre del conjunto conventual de tipo gótico meridional que abriga fantásticas colecciones de pintura y escultura desde principios de la Edad Media hasta principios del siglo XX. Original como la casa de Georges Labit, que posee colecciones de antigüedades y de arte egipcios, copto y asiático, y que este personaje legó a su ciudad. Otras pasiones, otros museos, el de Paul Dupuy y su apasionante colección de artes aplicadas de la Edad Media hasta nuestros días. También existe el Museo del viejo Toulouse, animado y constantemente enriquecido por «los Tolosinos de Toulouse», o el museo de medicina instalado en el Hôtel-Dieu, primer hospital de la ciudad.

Toulouse musées

Musée Georges-Labit

La galerie du Château d'eau

Aux amateurs éclairés se joignent des artistes contemporains qui trouvent reconnaissance et lieux d'exposition. Sous l'impulsion de Jean Dieuzaide, d'un ancien château d'eau surplombant la Garonne, on fit un phare de la photographie, tout à la fois musée et galerie d'exposition de renommée internationale. Mais l'événement de l'An 2000 est l'ouverture en février du premier espace de la Ville consacré à l'Art moderne et contemporain : les Abattoirs. Implantés au bord de la Garonne sur un site industriel du XIXe entièrement rénové, ils offrent plus de 6 000 m² accueillant la collection permanente et les expositions temporaires, un auditorium, un centre de documentation, une médiathèque et une librairie. Nombreuses sont les galeries privées pour découvrir les artistes et les espaces-entreprises proposant des expositions temporaires comme l'espace Ecureuil, place du capitole ou l'usine électrique du Bazacle, au bord de la Garonne.

But those who appreciate the tradition of the fine arts will also find themselves in the company of contemporary artists who are even now finding recognition and places to exhibit. With Jean Dieuzaide as its driving force, a former water tower (a fine building in its own right) overlooking the Garonne, has been converted into a beacon for the art of photography, acting both as a museum and an exhibition gallery for works from all around the world. But the big event in the year 2000 will be the opening in February of the first gallery devoted to Modern and Contemporary Art. Located alongside the Garonne on a fully renovated industrial site dating from the 19th century, the Abattoirs offer more than 6,000 m² of exhibition floor for permanent and temporary exhibitions, with an auditorium, a documentation centre, a media library, bookshop and catering area. Toulouse also has a large number of private art galleries where you can discover artists' work. Businesses also sponsor permanent exhibitions as with the Espace Ecureuil on the Capitole Square or the Bazacle hydroelectric power station on the banks of the Garonne.

Pero a estos iluminados hay que añadirles los artistas contemporáneos quienes desde hoy empiezan a ser reconocidos así como los lugares donde exponen sus obras. Bajo la impulsión de Jean Dieuzaide, un antiguo castillo que dominaba la Garona se convirtió en faro para la fotografía, siendo a la vez museo y galería de exposiciones de obras del mundo entero. Pero el acontecimiento del año 2000 es la apertura en el mes de febrero del primer Espacio consagrado al Arte moderno y contemporáneo.
Los *Abattoirs* o Mataderos, implantados al borde de la Garona en una zona industrial durante el siglo XIX completamente renovado, ofrecen más de 6 000 m² de espacios para exposiciones tanto para colecciones permanentes como para presentaciones temporales, con auditorio, centro de documentación, mediateca, librería y restaurante. Existen muchas galerías privadas que permiten descubrir nuevos artistas y existen espacios en empresas que proponen exposiciones permanentes, como el espacio *Ecureuil*, plaza del Capitolio o la empresa eléctrica de Bazacle, al borde de la Garona.

Les Abattoirs

La Fondation Bemberg

La Fondation Bemberg est un musée privé qui présente de manière permanente une collection de tableaux, bronzes et objets d'art. La peinture y occupe une place privilégiée, représentée par des œuvres de la Renaissance et de l'Ecole Française Moderne, cette dernière étant évoquée de manière magistrale par un ensemble unique de 35 toiles de Bonnard.
Fidèle au souci de raffinement de son créateur, la Fondation est abritée dans le plus bel hôtel particulier de Toulouse. Construit à partir de 1555 pour le riche marchand de pastel Pierre Assézat, il est devenu un des lieux prestigieux de la ville, théâtre occasionnel de concerts, festivals, soirées de gala et expositions temporaires.

Mars
Jean de Bologne

The Bemberg Foundation is a private museum that permanently displays a collection of paintings, bronzes and objets d'art. Painting occupies pride of place, as represented by works from the Renaissance and the Modern French School, the latter being superbly represented by a unique set of 35 canvases by Bonnard.
Faithful to its creator's quest for refinement, the Foundation is housed in the finest Toulouse town house. Built from 1555 on for the wealthy pastel merchant Pierre Assézat, it has become one of the City's prestigious locations, occasionally serving as a hall for concerts, festivals, gala evenings and temporary exhibitions.

Vue du premier étage

Venus et Cupidon, Lucas Cranagh

La Fundación Bemberg es un museo privado que presenta de manera permanente una colección de cuadros, bronces y objetos de arte. La pintura ocupa un lugar privilegiado, pues se pueden encontrar obras del Renacimiento y de la Escuela Francesa Moderna, esta ùltima representada de manera magistral por un conjunto ùnico de 30 telas de Bonnard.
Fiel al afán de refinamiento de su creador, la Fundación está abierta en el más bonito hotel particular de Toulouse, construido a partir de 1555 por el rico comerciante de hierba pastel Pierre Assézat, es hoy en día un lugar muy prestigioso en la ciudad, pues se realizan conciertos, festivales, tardes de gala y exposiciones temporales.

On a tous rêvé devant l'écran noir des nuits étoilées. Spectateurs admiratifs de la conquête spatiale ou adeptes inconditionnels de science fiction, personne n'est indifférent devant les succès qui ont permis de faire reculer les frontières de la compréhension de la Terre et de l'Univers. Plus merveilleux encore, la Cité de l'espace nous offre maintenant la connaissance et l'expérimentation réservées alors aux seuls spécialistes et cosmonautes : se trouver au pied d'une fusée Ariane 5 grandeur nature, sur son pas de tir, admirer en taille réelle le moteur Vulcain qui lui permet de s'arracher à l'atmosphère, admirer le courage exceptionnel des hommes en découvrant l'unique réplique accessible au public de la station Mir, outil d'apprentissage des équipages en mission, et des véhicules qui les ont expédiés dans l'espace... Toutes ces technologies du futur ont des répercussions dans notre vie de tous les jours et sont illustrées et expliquées ici par plus de 200 éléments d'exposition ludiques et interactifs. Du spectacle du planétarium, à la manipulation de véritables antennes de réception satellitaires, tout est possible. La découverte du fonctionnement des satellites et des systèmes de communication, le survol de la Terre et l'étude des images satellitaires nous permettent de mieux connaître notre planète et de mieux gérer ses ressources... La Cité de l'espace participe aux célébrations de l'An 2000 en créant un lieu entièrement consacré à la connaissance de la Terre : grâce à des techniques audiovisuelles originales, on pourra évoluer comme un astronaute dans l'espace et le temps autour de la Terre.

We have all gazed at the starry sky and dreamed. Whether keen readers of science fiction or fascinated by the conquest of space, no-one can remain indifferent to the successes that have pushed back the frontiers to understanding our Earth and the Universe of which it forms a part. The Cité de l'Espace now provides us with a wonderful opportunity to get a glimpse of the knowledge and experimentation that had hitherto been exclusively reserved for research scientists and astronauts. Here, you can look up at the Ariane V launch rocket on its launch pad. Contemplate a full-scale model of the powerful Vulcan engine that powers the rocket out of our atmosphere. Admire the outstanding courage of those who man space flights, with the only replica in the world of the Mir space station (used to train the crews currently on mission) and the modules that sent them into space. All these technologies of the future have repercussions on our everyday life and are illustrated and explained here by more than 200 game-oriented and interactive elements. Everything is possible, from the planetarium to handling real satellite reception antennae. Discover how satellites and communication systems work. See how the Earth is scanned and how satellite images give us a better understanding of our planet enabling us to manage its resources better. Or you can study meteorology and efforts to discover life in space. A host of sights to see and activities for all. The *Cité de l'Espace* space museum is taking part in the celebrations for the Year 2000 by creating an area entirely devoted to knowledge of the Earth. Thanks to original audiovisual techniques, you can move about in space like an astronaut and take a spin round the Earth.

Cité de l'espace

Toulouse

Cité de l'espace

L'unique modèle de la Station Mir est à la Cité de l'espace grandeur nature : pour découvrir les conditions de vie des cosmonautes.

La fusée Ariane 5 sur son pas de tir

Satellite ERS

Le Parterre des planètes

Localisation par satellite

© STC VILLE DE TOULOUSE

Vivre dans l'espace

© MARC BOYER

Le grand Planétarium

© O MINH

Todos hemos soñado algùn día mirando las estrellas en la oscuridad de la noche. Que se sea un adepto incondicional de la ciencia ficción o un espectador admirativo ante la conquista del espacio, nadie se queda de piedra frente a los éxitos que han marcado nuestra nueva visión de la Tierra y del universo. Más maravilloso aùn, la Cité de l'espace o Ciudad del espacio nos ofrece hoy en día todo el conocimiento y la experimentación que antes sólo conocían los ingenieros y los cosmonautas. Desde encontrarse al pie del cohete Ariane V en su fase de lanzamiento, hasta admirar en tamaño real el super potente motor Vulcain que le permite arrancarse de la atmósfera, pasando por la admiración ante el coraje excepcional de los hombres que han vivido en la ùnica réplica en el mundo de la estación Mir, herramienta de aprendizaje de los equipajes actualmente en misión, y los módulos que se le envían al espacio... todas estas tecnologías del futuro repercutan en nuestra vida de cada día y están ilustradas y comentadas con más de 200 elementos de exposición lùdica y de juegos interactivos. Desde el planetario hasta la manipulación de verdaderas antenas de recepción de satélites, todo es posible: el descubrimiento del funcionamiento de los satélites y de los sistemas de comunicación, los vuelos sobre la tierra y el estudio de las imágenes de los satélites nos permiten conocer mejor nuestro planeta y por lo tanto mejorar la gestión de nuestros recursos, prever el tiempo con más precisión y el descubrir, por qué no, que hay vida en el espacio. La ciudad del espacio participa a las celebraciones del Año 2000 pues creará un lugar totalmente consagrado al conocimiento de la Tierra: gracias a técnicas audiovisuales originales, podremos andar como los astronautas en el espacio y en el tiempo alrededor de la Tierra.

Gare Matabiau
Bd des Crêtes
A 62 BORDEAUX
BUS ligne 19
Route de Castres
SORTIE 17
Castres
Cité de l'espace
Périphérique
A 64 TARBES BAYONNE
Revel
A 61 MONTPELLIER BARCELONE

Terre, planète vivante

© ASV

Depuis toujours Toulouse a aimé le chant, la danse et le théâtre. Attenante à une auberge, la première salle de spectacle, le Logis de l'écu, accueillit des acteurs et visiteurs illustres comme Molière en 1645 et Louis XIV en 1659. Sur cet emplacement, les Capitouls construisirent en 1736 le premier théâtre de la Ville. Reconstruit quatre fois avant de brûler en 1917, il ouvrit à nouveau ses portes en 1923, sa salle de spectacle fut modernisée en 1950 et retrouva son style baroque en 1997. Mais ce qui rendit célèbre le théâtre du Capitole, c'était l'amour parfois immodéré des Toulousains pour le Bel canto : sifflets et tomates n'étaient pas rares pour saluer les acteurs qui déplaisaient à la salle. Mais si le public s'est assagi, il reste toujours passionné par le Concours international de Chant du mois d'octobre. Il est bien difficile de trouver des places pour les spectacles au Capitole ou à la Halle aux grains, lieu de musique incontournable qui trouva là une plaisante reconversion à son ancienne activité de marché aux grains. Son acoustique parfaite en fait le fief de l'Orchestre national symphonique sous la houlette de Michel Plasson, ainsi que de l'excellent Orchestre national de chambre crée par Louis Auriacombe. La tradition musicale se perpétue avec le conservatoire.

Toulouse has always been a place of song, dance and theatre. The *Logis de l'Ecu*, the first recorded real theatre was an outbuilding to a hostelry that welcomed actors and famous visitors like Molière in 1645 and Louis XIV in 1659. Later, the *Capitouls* used the same location to build the new theatre, first constructed in 1736 then rebuilt on four different occasions before it burnt down in 1917. It was re-opened in 1923 and the hall was modernised in 1950 before recovering its classical baroque style in 1997. But what really made the *Théâtre du Capitole* famous was the sometimes excessive enthusiasm of the Toulouse citizens for *Bel Canto* operatic singing. Whistling or even rotten tomatoes could greet performances considered to be second-rate by the public. But since then the public has calmed down, although it remains attentive to the International Singing Competition that takes place in October and finding a seat for concerts at the *Capitole* or the *Halle aux Grains* (the old Corn Exchange) concert hall remains a difficult matter. The *Halle aux Grains*, with its perfect acoustics, has become home to the Toulouse National Symphony Orchestra conducted by Michel Plasson. In addition, there is the excellent National Chamber Orchestra created by Louis Auriacombe and the musical tradition is assured of a bright future with the *Conservatoire de Musique*.

Desde siempre, a Toulouse le ha gustado cantar, bailar e ir al teatro. Junto a un hostal, la primera sala de espectáculos, el Logis de l'écu, ha acogido actores y visitantes tan ilustres como Molière en 1645 y Louis XIV en 1659. Más tarde, los Capitouls construyeron el nuevo teatro, edificado por primera vez en 1736, y reconstruido cuatro veces antes de incendiarse en 1917. Abierto en 1923, se modernizó la sala en 1950 y se le devolvió su estilo barroco clásico en 1997. Pero lo que ha hecho célebre este teatro ha sido el amor incomparable de los habitantes de Toulouse por el Bel Canto: se lanzaban incluso tomates si los actores no gustaban al público presente.
Pero el público se ha calmado, y ahora escucha atento el Concurso Internacional de Canto que tiene lugar en octubre en el Capitolio o en la *Halle aux Grains* y en donde es difícil encontrar sitios libres cada vez que hay algún espectáculo. La *Halle aux Grains*, o Sala para el Grano, era antiguamente un mercado para vender el grano y hoy en día es un lugar de referencia en el tema musical. Su acústica es tan perfecta que ha sido elegida lugar de representación por la Orquesta Nacional Sinfónica, bajo la dirección de Michel Plasson. Y para completar la tradición musical, existe el Conservatorio y la excelente Orquesta Nacional de Cámara creada por Louis Auriacombe.

Toulouse spectacles

Halle aux Grains

Théâtre du Capitole

Un des plus anciens bâtiment religieux du Sud-ouest, Saint-Pierre-des-Cuisines eut un destin houleux : basilique funéraire à l'extérieur de la ville au Ve siècle, puis église paroissiale dans le bourg au XIe, devenu prieuré de l'abbaye clunisienne de Moissac et par la suite dépendance des Chartreux au XVIe, pour être transformé au XVIIIe en fonderie de canons puis en entrepôt, le bâtiment est désormais classé monument historique. Installé au bord de la Garonne, le Conservatoire profite maintenant de la récente rénovation de cet édifice, transformé en auditorium et école de danse.

La création théâtrale a trouvé ses lettres de noblesse sous la houlette de Maurice Sarrazin. Pour répondre à l'engouement grandissant des toulousains pour l'art dramatique, après le Grenier de Toulouse et le théâtre Daniel Sorano, le nouveau théâtre de la Cité vient d'ouvrir ses portes. Construit au cœur de la ville, sur l'emplacement de l'ancien conservatoire de musique, on peut découvrir dans le hall d'accueil les vestiges du rempart gallo-romain et d'une tour de guet. Autre lieu, autre spectacle, Toulouse a maintenant, pour parfaire ses équipements, un tout nouveau Zénith, permettant à plus de 9 000 personnes d'assister aux grands spectacles nationaux et internationaux.

One of the oldest religious buildings in Southwest France, *Saint Pierre des*

Le Zénith

Cuisines has had a tumultuous history. In the 5th century the site had a basilica devoted to burials outside the City. It became a parish church in the 11th century, then became a priory of the Cluniac Abbey of Moissac before becoming part of the Carthusian order in the 16th century. It was changed into a cannon foundry in the 17th century and then became a warehouse. The building itself, founded around 1100 AD, is now classified as a historical monument. Situated right next to the Garonne, the *Conservatoire* now takes advantage of a recent renovation to provide an auditorium and a ballet school.

The *Grenier de Toulouse* has endowed Toulouse with a worthy theatrical tradition under the leadership of Maurice Sarrazin. The Daniel Sorano Theatre proved to be too small to cater for the Toulouse population's increasing enthusiasm for drama and, as a result, the new *Théâtre de la Cité* has just opened. This new playhouse, built right in the City Centre, on the site of the former music conservatory, shows the Gallo-Roman remains of the ramparts and a watchtower in the entrance hall. In addition to this, Toulouse now has a new dome for big concerts with the Zénith.

Uno de los más antiguos edificios religiosos del sudoeste, Saint-Pierre-des-Cuisines, ha conocido un destino tumultuoso. Empezó siendo una basílica funeraria en las afueras de la ciudad en el siglo V, luego una iglesia parroquial de pueblo en el siglo XI, a continuación priorato de la abadía cluniacense de Moissac y luego dependencia de los Chartreux en el siglo XVI, para acabar siendo transformada en el siglo XVIII en lugar de fundición de cañones y en almacén. En la actualidad, el edificio ha sido catalogado monumento histórico nacional. Instalado al borde de la Garona, el Conservatorio aprovecha que este edificio, fundado alrededor del año 1100, ha sido renovado recientemente por lo que posee ahora un auditorio y una escuela de danza.

La creación teatral ha encontrado horma a su zapato con el Grenier de Toulouse, bajo la dirección de Maurice Sarrazin. El teatro Daniel Sorano, demasiado pequeño para responder a la creciente demanda de arte dramático de los habitantes de Toulouse, el nuevo Teatro de la Cité viene de abrir sus puertas. Construido en el centro de la ciudad, sobre las cenizas del antiguo conservatorio de música, se puede descubrir en la entrada los vestigios galo romanos de la muralla y de una atalaya. Otro lugar, otro espectáculo, Toulouse posee ahora, para completar su abanico, un espléndido Zénit como el de París.

Ville de musique et de festivals qui accueillent toutes les cultures, Toulouse égrène tout au long de l'année mille rencontres et concerts. Les citer tous se révèle difficile. Mais, traditions séculaires ou jeunes festivals, ils ont tous un lien, une histoire ou une passion qui les attachent à la cité. En liaison avec son patrimoine, tel le Festival international Toulouse les Orgues qui depuis quatre ans propose chaque automne une trentaine de rendez-vous musicaux. Du concert apéritif au concert symphonique pour orgue et orchestre, sur toutes les orgues que lui offre un patrimoine unique en Europe, il est un vibrant hommage au génial facteur d'orgue romantique Cavaillé-Coll, découvert à Toulouse par Rossini. Le Festival Garonne joue avec son fleuve et reçoit chaque été un fleuve étranger. Illustres invités que furent le Nil, le Gange, le Mékong et l'Arno, le mélange de leurs eaux est chaque fois prétexte à danses, chants, théâtres, en salles convenues ou dans les rues. Lieux de vie et lieux de fêtes, d'expositions sur le pont Neuf en « Baraque » provisoire sur la prairie des Filtres, les rives du fleuve se jouent des convenances et invitent Toulousains et visiteurs à s'y retrouver. En perpétuant sa tradition populaire, le grand Fenêtra, est l'occasion d'admirer les costumes folkloriques de nos provinces et du monde entier, lors de son *passo-caiero* (défilé dans les rues de la ville.) Inauguré par la mise en perce d'un fût de Fronton et de la traditionnelle cérémonie du sel, ce festival se poursuit par quatre jours de chants et de danses folkloriques, sans oublier la grande messe traditionnelle chantée à la basilique Saint-Sernin.

Toulouse really is a major site for music and festivals. It welcomes all cultures and hosts hundreds of events and concerts over the year. We couldn't possibly mention all of them, but whether they form part of the great secular tradition or are new festivals, there is always a historical or sentimental link with the City and its heritage. As with the Toulouse International Church Organ Festival, that for the last four years has offered thirty musical rendez-vous each Autumn, from the early evening apéritif concerts to symphonic concerts for organ and orchestra, using all the organs available in the City. This makes Toulouse one of the main centres of organ playing in Europe, a vibrant homage to the great romantic organ builder Cavaillé-Coll as discovered in Toulouse by Rossini. Every summer, the Garonne Festival develops the musical theme by an annual invitation to artists having close links with other great rivers. These famous rivers have in the past included the Nile, the Ganges, the Mekong and the Arno. On each occasion the meeting of these different water courses leads to dance, song and play acting, whether in concert halls, out in the streets or in exhibitions in a temporary shelter on the *Pont Neuf* or in the *Prairie des Filtres* park. The Toulouse people mingle with visitors who can enjoy the show and become familiar with the gentle beauty of its City's riverside landscape. With the perpetuation of the great popular traditions like the *Grand Fenêtra*, you will have the opportunity in our City to admire folk costumes from our regions and from worldwide during the *passo-caiero* (or procession). This festival is inaugurated by a cask of Fronton wine (from the vineyard just north of Toulouse) being broached. The traditional salt ceremony is then followed by four days of song and dance on the *Grand Rond* public garden and mass is sung at the Saint Sernin Basilica.

Ciudad de la música y de los festivales abierta a todas las culturas, Toulouse celebra a lo largo de todo el año miles de encuentros y de conciertos.

Enumerarlos a todos resulta imposible. Pero ya sea por tradición secular o porque se trata de nuevos festivales, todos están vinculados a esta ciudad. Vinculado a su patrimonio, existe el Festival internacional de Toulouse de Organos que desde hace cuatro años propone cada otoño unos treinta conciertos musicales, desde un concierto aperitivo hasta un concierto sinfónico para órgano y orquesta. Todos estos órganos ofrecen un patrimonio organístico único en Europa y rinde homenaje al genial fabricante de órganos románticos Cavaillé-Coll descubierto en Toulouse por Rossini. Vinculado a su río, existe el *Festival Garona* que cada verano invita un río extranjero. Ya se han invitado ilustres ríos como el Nilo, el Gange, el Mekong y el Arno, y este acontecimiento es un pretexto para bailar, cantar o hacer teatro, en salas reservadas o simplemente en la calle. Los bordes de la Garona, lugares de vida y de celebraciones, de exposiciones en el

Pont Neuf en «Barracas» provisionales hasta la *Prairie des Filtres*, juegan con las convenciones y acogen a todos los habitantes de Toulouse y a los visitantes de paso. Vinculado a sus tradiciones populares, existe la *Gran Fenêtra*, ocasión para admirar los trajes folclóricos de nuestras provincias y del mundo entero durante el *passo-caiero* (desfile) por las calles de la ciudad. Se inaugura con la apertura de un tonel de vino de Frontón y con la tradicional ceremonia de la sal, y luego le siguen cuatro días de cantos y de bailes en el *Grand-Rond*, sin olvidar la gran misa cantada en la Basílica de Saint-Sernin.

© LES JARDINS DE L'OPERA

Truites et sandres, agneaux des causses et veaux fermier du Comminges, morilles et cèpes, chapons à la chair délicate rôtis lentement et simplement parés de larges lamelles de truffes, brochets bardés de lard, pigeons qui se prêtent aux épousailles les plus originales, canards et oies engraissées comme déjà en Egypte il y a des milliers d'années (l'on dit que les romains nous en confièrent la recette), pintades et dindons, haricots tarbais et ail de Lautrec, Roquefort et tomme de l'Aubrac, chasselas et châtaignes... mille et une saveurs qu'un escadron de très grands cuisiniers propose dans toute la région, cuisine de fête et cuisine du terroir où la matière première vient de cette terre si riche en mets et en parfums que toute son imagination et sa générosité furent mises en «boîte» pour le plaisir des cosmonautes...

Trout and pike perch, lamb from the *Causses* and farmhouse veal from the Comminges, morels and boletus mushrooms, capons with their gently roasted white flesh just adorned with broad slices of truffle, pikes cooked in bacon, pigeons cooked in all manner of ways, ducks and geese fattened as they were in ancient Egypt thousands of years ago (the recipe being said to have come from the Romans), Guinea fowls and turkey-cocks, beans from Tarbes and garlic from Lautrec, Roquefort and Bethmale cheeses, Chasselas grapes and chestnuts. These are just some of the culinary delights that a host of great chefs can offer you throughout the region. It truly is food for celebration from good healthy regional produce. A region whose imagination and generosity was actually put into tins to give pleasure to the palates of the cosmonauts.

Truchas y lucios, cordero de Causses y ternera campestre de Comminges, morillas y setas, capones de carne delicada asados lentamente y simplemente guarnecidos con anchas rodajas de trufas, brochetas de tocino, palomos con guarniciones originales, patos y ocas engrasados como ya se hacía en Egipto hace miles de años (se dice que los romanos nos dieron la receta), gallinetas y pavos, judía de *Tarbes* y ajo de *Lautrec*, *Roquefort* y *Betmale*, uva y castañas ... mil y un sabores que un escuadrón de tres grandes cocineros proponen en toda la Región, cocina para celebraciones y cocina de la tierra, donde la materia prima viene de esta tierra tan rica en platos sabrosos y en sabores que toda su imaginación y su generosidad fueron «enlatados» para gran placer de los cosmonautas.

Gastronomie régionale

© JACQUES GLORIES

Dos de sandre en cocotte aux gros haricots Soissons

Ingrédients

(pour 4 personnes)
Filet de sandre (bien épais) . . . . 600 g
Haricots Soissons (trempés) 400 g secs
Tendron de veau . . . . 300 g
Carottes 1
Oignons 1
Bouquet garni
Ail . . . . 2 gousses
Ciboulette . . . . 1 botte
Poivron rouge (pelé) . . . . 1 pièce
Vinaigre de Xéres . . . . 15 cl
Sauce soja . . . . 15 cl
Huile d'olive . . . . 25 cl
Sel, poivre . . . . pm
Vin blanc . . . . 20 cl
Concentré de tomates. . 1 cuiller à café
Graisse d'oie . . . . 50 g
Piments d'Espelette 1

© DOMINIQUE VIET

Maryse et Dominique Toulousy
restaurant «Les Jardins de l'Opéra»
à Toulouse

Procédé

Après les avoir blanchis et égouttés, faire suer à la graisse d'oie, l'oignon et la carotte (taillés en «mirepois bordelaise»). Ajouter les haricots tarbais, laisser étuver à couvert, avec thym, laurier, 1 gousse d'ail hachée. Mouiller à hauteur avec de l'eau froide. Laisser cuire doucement en n'oubliant pas de saler à mi-cuisson.

Pendant ce temps, faire revenir le tendron de veau coupé en morceaux, le faire bien caraméliser. Ajouter oignon et carotte, thym, laurier, ail écrasé. Déglacer avec le vin blanc, la cuiller de concentré de tomates, laisser réduire de moitié, recouvrir d'eau et cuire à petit feu 45 minutes. Puis bien faire réduire ce jus de veau pour obtenir 10 cl de jus bien corsé.

Peler le poivron rouge et le couper en petits dés.

Dans une casserole, verser le jus de veau corsé, le vinaigre de Xéres, 2 cuillers à soupe de cuisson des haricots, les dés de poivron, le petit piment, saler, poivrer. Ajouter l'huile d'olive et laisser infuser cette vinaigrette dans un endroit tiède.

Cuire dans une poêle bien chaude les pavés de sandre, côté peau en premier, en caramélisant bien celle-ci afin qu'elle soit croustillante. Retourner pour terminer la cuisson.

Dresser sur assiette le pavé de Merlu sur les haricots égouttés. Napper le tout avec la vinaigrette et parsemer copieusement de ciboulette ciselée.

© THURIÈS MAGAZINE

Ce dessert chaud, créé au Grand Ecuyer par Yves Thuriès en 1979 a fait le tour du monde, et le succès des grandes tables. Aérien, parfumé, il développe un équilibre sucre-acidité tonique, dû à l'heureuse alliance d'une texture biscuitée sur l'extérieur, crémeuse à l'intérieur, et à laquelle les arômes fruités s'associent intimement. Dans un soucis d'extrême raffinement, ce gratin est servi avec un croustillant aux graines de sésame.

Gratin de fraises des bois au citron, et son coulis d'abricot

Ingrédients

(8 personnes)
Jus de citron . . . . 250 g
Crème fraîche (fleurette) . . . . . . 250 g
Jaunes d'œufs 10
Sucre . . . . 100 g
Poudre à crème (ou farine) . . . . . 50 g
Feuilles de gélatine trempées et pressées 4

Meringue italienne :

Blancs d'œufs 10
Sucre cuit à 120° . . . . 300 g
Fraises, sucre glace, coulis d'abricot QS

Crème pâtissière au citron

Porter à ébullition jus de citron et crème fraîche. Blanchir les jaunes d'œufs, sucre et poudre à crème. Faire le mélange avec le lait au citron bouillant. Cuire la crème à grosse ébullition pendant quelques minutes sans cesser de remuer au fouet. Hors du feu, incorporer les feuilles de gélatine trempées et pressées. Simultanément à la crème pâtissière, faire la meringue.

© LELLUCHICEBZ

Yves Thuriès
Hôtel-Restaurant Le Grand Ecuyer****
à Cordes-sur-Ciel

Meringue italienne

Dans une casserole, cuire le sucre avec 1/3 de son poids en eau. Cuire au boulé, soit 120°.
Verser ce sucre cuit sur les blancs montés.

Procédé

Mélanger aussitôt, progressivement et délicatement la meringue chaude et la crème bouillante. Dresser aussitôt. Sur plaque et papier sulfurisé, poser des petits cercles. Garnir le fond et les côtés avec la mousse chaude. Parsemer l'intérieur de fraises des bois ; compléter et lisser avec la mousse. Passer au congélateur plusieurs heures.

Cuisson et finition

Décercler les petits gratins congelés ; saupoudrer de sucre glace, mettre sur assiette. Cuire et colorer à four chaud pendant 10 à 12 minutes. Possibilité de faire une cuisson rapide. Pour cela, saupoudrer de sucre glace, mettre sur assiette, passer à la salamandre pour colorer, puis quelques dizaines de secondes au micro-ondes pour chauffer et gonfler le gratin. Servir avec un coulis abricot chaud.

La Crème légère Chiboust à la Verveine caramélisée à la Vergeoise brune

Françoise et Gilles Castet
Hôtel-Restaurant «Chez Castet»
à Martres-Tolosane

Crème pâtissière

Ingrédients (pour 10 personnes)

Lait . . . . 1 l
Verveine à infuser . . . . 3 sachets
Sucre semoule . . . . 150 g
Maïzena . . . . 80 g
Gélatine . . . . 7 feuilles
Œufs entiers 5

Mettre le lait à chauffer à feu doux et y faire infuser les sachets de verveine. Par ailleurs, mélanger le sucre et les œufs jusqu'à ce que le mélange blanchisse et faie tremper la gélatine dans de l'eau froide. Quand le lait est arrivé à ébullition, retirer les sachets de verveine et hors du feu, incorporer les œufs, le sucre blanchi et la maïzena. Remettre sur le feu et amener à ébullition. Réserver hors du feu.

Meringue à l'italienne

Ingrédients (pour 10 personnes)

Blancs d'œufs . . . . 250 g
Sucre . . . . 500 g

Faire chauffer le sucre et 100 g d'eau, cuire au petit boulé (121°). Mettre en même temps les blancs à monter et verser dessus le sucre cuit. Battre jusqu'à obtention d'une meringue lisse et homogène.

Procédé

Incorporer délicatement la gélatine détrempée et la meringue dans la crème pâtissière encore chaude et verser dans de petits moules. Réserver une heure au froid.
Pendant ce temps, préparer une sauce Suzette, c'est-à-dire faire un caramel déglacé au jus d'orange et au cointreau. Démouler les crèmes légères et dresser sur des assiettes individuelles, saupoudrer de vergeoise brune que l'on caramélisera au fer, entourer de la sause Suzette et servir accompagné de fruits et sorbets de saison.

Foires et marchés

Quel meilleur moyen de connaître une ville et les habitudes de ses habitants que de déambuler dans les marchés qui fleurissent dans tous les quartiers. Chacun a ses étals et ses chalands attitrés. La place du Capitole se couvre tous les mercredis des parasols bariolés. Des marchés couverts de la ville, seul celui de Saint-Cyprien, aux anciennes portes de Toulouse, a conservé sa halle du début du siècle. Place Victor-Hugo, le plus grand marché de la ville ajoute au pittoresque de ses loges des restaurants en mezzanine qui permettent de déguster sur place les produits du terroir. Le tour de l'église Saint-Aubin accueille le dimanche le marché paysan où poules, canards et pigeons caquettent au milieu des bouquets de fleurs de champs. Mais en matière de primeurs, rien n'égale le marché Cristal, éblouissant de couleurs et de parfums, qui envahit le boulevard de Strasbourg tous les matins. D'autres marchés se tiennent en saison, aux noms évocateurs de la gastronomie régionale : foire au salé au mois de mai, foire à l'ail en août et en octobre, marché au gras toute l'année…

Le marché Cristal

What better way to get to know a city and the ways of its inhabitants than to wander through the open markets that flourish in every neighbourhood. Everyone has his or her own favourite stall and regular supplier. On Wednesdays, the Place du Capitole is covered with striped awnings. Of the City's covered markets, only the one at Saint-Cyprien, at the former Gates of Toulouse, has kept the hall it was in at the beginning of the century. Victor-Hugo, the biggest market, has an added picturesque touch with its row of restaurants on the mezzanine floor where you can taste all the regional produce available. On Sundays, the Saint-Aubin Church tower is surrounded by the small farmer's market where you will find hens, ducks and pigeons clucking, quacking and crooning among the flowers on sale. But when it comes to fresh fruit and vegetables, the *Cristal* market remains unrivalled for its stunning colours and pleasant smells that invade the boulevard de Strasbourg every day (except Mondays). Other markets, with names reflecting regional gastronomy, are held on a seasonal basis, as with the *Marché du gras* for *foie gras*, the *Foire à l'ail* for garlic in August and October and the *Foire au salé* in May for salted hams, sausages, etc.

Le marché Saint-Cyprien

Qué mejor manera de conocer una ciudad y las costumbres de sus habitantes que paseando por los mercados que florecen por todos los barrios. Cada uno posee sus puestos desde hace años. La plaza del Capitolio se cubre cada miércoles con parasoles variopintos. De los mercados cubiertos de la ciudad, sólo el de Saint-Cyprien, donde antiguamente se situaban las puertas de Toulouse, ha conservado su plaza de principios de siglo. Victor-Hugo, el más grande de todos los mercados, posee no sólo puestos pintorescos, sino también restaurantes en el primer piso, por lo se pueden degustar allí mismo los productos de la tierra. Alrededor de la iglesia de Saint-Aubin cada domingo hay el mercado campesino donde se pueden comprar pollos, patos y palomos vivos en medio de flores del campo. Pero en materia de frutas y verduras, no hay punto de comparación con el mercado Cristal, lleno de colores y de perfumes que invaden el Bulevar de Strasbourg cada mañana, salvo los lunes. Existen también otro tipo de mercados que tiene lugar todo el año y cuyos nombres evocan la gastronomía regional: Mercado de lo graso para el foie gras, Feria del ajo en agosto y en octubre y Feria de lo salado en el mes de mayo.

Econ

La Terre vue par Météosat 5
le 21 juin 1995 à midi

© AEROSPATIALE - MATRA

Née en 1917 dans les usines de Latécoère, l'aéronautique toulousaine conçoit, développe, fabrique, essaye, vend depuis 80 ans, sur les terres de l'Aéropostale, des générations d'avions (aujourd'hui Airbus et ATR). Siège du 2ème constructeur mondial – Airbus Industrie – et de l'un de ses principaux partenaires – Aerospatiale Matra Airbus – Toulouse accueille également de grandes sociétés internationales (BF Goodrich, Honeywell, Labinal, Latécoère, Liebherr Aerospace, Microturbo, Rockwell-Collins, Sextant). Facteur du développement de l'électronique et de l'informatique industrielle, le pôle aéronautique stimule la diversification des compétences (maintenance-Air France, formation-Euresas, services-STNA).

Usine d'assemblage d'Airbus Clément Ader

© AEROSPATIALE - MATRA

ATF/FLA, un enjeu stratégique pour des armées européennes vouées aux opérations lointaines.

Since 1917, generations of planes (today Airbus and ATR) have been designed, built, tested and sold on what was the site of Aéropostale. Headquarters of Airbus Industrie, the second largest aircraft manufacturer in the world, and one of its main partners Aerospatiale Matra, Toulouse is also home to internationally renowned parts manufacturers and sub-contractors (BF Goodrich, Honeywell, Labinal, Latécoère, Liebherr Aerospace, Microturbo, Rockwell-Collins, and Sextant). The aeronautics industry, having stimulated the growth of sectors such as electronics and industrial computing, is now a driving force for the diversification of expertise (maintenance-Air France, training-Euresas, services-STNA).

Desde 1917, sobre las tierras de la Aeropostal, se conocen, se construyen, se prueban y se venden generaciones de aviones (hoy los Airbus y los ATR). Sede del 2° constructor mundial - Airbus Industrie - y de uno de sus socios más importantes - Aerospatiale Matra - Toulouse acoge también fabricantes de equipamientos mundialmente reconocidos (BF Goodrich, Honeywell, Labinal, Latécoère, Liebherr Aerospace, Microturbo, Rockwell-Collins o Sextant).
Factor del desarrollo de la electrónica y de la informática industrial, el polo aeronáutico estimula la diversificación de las competencias (mantenimiento: Air France; formación: Euresas; servicios: STNA) y elabora los aviones del mañana en el seno de la Dirección técnica de Aerospatiale Matra, la oficina de proyectos centralizada más grande de Europa y hace de Toulouse el segundo centro mundial de proyectos y de producción de aviones civiles.

Fleuron de l'industrie aéronautique mondiale, Concorde fête son 30ème anniversaire en 1999.

Tourisme industriel et technique

Industrial and technical tourism
Turismo industrial y técnico

Depuis toujours, le plaisir du touriste est de découvrir et celui de son hôte de partager ses connaissances. Initié par les démonstrations culinaires et les découvertes artisanales, l'intérêt s'est récemment porté sur les savoir-faire industriels. Les exemples en sont multiples et passionnants : les usines hydroélectriques ouvrent leurs portes, l'usine Clément Ader, hangar de la chaîne de montage d'Airbus, a prévu dès sa construction des passerelles de visite, les caves naturelles de Roquefort accueillent gourmands et gourmets, la Dépêche du Midi dévoile ses rotatives... L'industrie change de visage dans la passion qu'elle met à expliquer ses process de fabrication, dans l'attention qu'elle porte à l'intégration dans son environnement et dans la construction de ses bâtiments : comme le prouvent l'exceptionnel ascenseur à poissons mis en service par la centrale nucléaire de Golfech, le gisement de talc de Luzenac, la surprenante forge de Laguiole conçue par Philippe Stark.

Centrale nucléaire de Golfech

Une autre illustration de ce désir d'apprendre et de comprendre est la Cité de l'espace : si les laboratoires de haute technologie spatiale ne peuvent s'ouvrir au public, c'est en ce lieu privilégié que sont présentées de façon ludique et interactive les techniques et les réalisations qui sont des éléments essentiels à notre vie de tous les jours. Toulouse ne s'est pas trompé quant à l'importance de l'économie dans le tourisme. Ville pilote en France dans ce nouvel engineering touristique, elle sait aussi insuffler une nouvelle vie aux bâtiments industriels du XIXe siècle, comme les anciens abattoirs construit par Urbain Vitry, nouvellement espace d'Art moderne et contemporain.

Enquiring tourists have always been fascinated to make new discoveries and their hosts are often keen to share what they know of their region. Demonstrations of culinary skills and craftsmanship have aroused considerable interest among visitors and, following on from this, there is a new-found fascination for industrial know-how. There are many exciting examples of this in Toulouse and its region, with the City's hydroelectric power stations opening to the public, the Clément Ader aeronautical works, the hangar for the Airbus assembly line (which was designed with overhead walkways for visits to be conducted), the natural cave system of Roquefort where the famous cheese is matured, the *Dépêche du Midi* showing its printing press in operation, and so on. Industry is putting on a new face and this can be seen in the enthusiasm that goes into explaining its production processes, the attention it devotes to fitting in with the environment and in the way its buildings are put up. This is borne out in the fish lift to help salmon and trout swimming up

Faïencerie du Matet

river to spawn up over the dam brought into service by the Golfech nuclear power station, the talc quarry at Luzenac, the astonishing Laguiole (famed world-wide for its knives) forge designed by Philippe Stark.
Another illustration of this desire to learn and to understand things better is the *Cité de l'Espace* space museum. The high-tech laboratories working in the space industry cannot open up to the public, but here they have found a marvellous way to make the techniques and achievements that now form such a basic part of our everyday lives known to us in a game-oriented and interactive fashion. Toulouse got it right in stressing the importance of the economy when it comes to tourism. The city has become a precursor in France for this new tourist engineering. It has also given a new lease of life to the industrial buildings of the 19th century, like the former abattoirs built by the architect Urbain Vitry that have now been transformed to become the Modern and Contemporary Art Centre.

Desde siempre, el placer de cualquier turista es el de descubrir, y el de su anfitrión es el de compartir sus conocimientos. El interés ha empezado con demostraciones culinarias y descubrimientos artesanales, y hoy en día sigue con el saber hacer industrial. Los ejemplos son múltiples y apasionantes: las empresas hidroeléctricas abren sus puertas, la fábrica *Clément Ader*, donde se encuentra la cadena de montaje de los aviones Airbus, ya está abierta al público, las cavas naturales de Roquefort acogen gastrónomos y "gourmets", la *Dépêche du Midi* propone visitar el rotativo...
La industria cambia de cara tanta es la pasión que le lleva a explicar sus procesos de fabricación, tan grande es la atención que lleva a la integración dentro de su son entorno y en materia de construcción los edificios: como lo atestiguan el increíble ascensor para peces puesto en marcha por la central nuclear de Golfech, el yacimiento de talco de Luzenac y la extraordinaria herrería de Laguiole diseñada por Philippe Stark.
Otro ejemplo de este deseo por aprender y comprender es la Ciudad del espacio: si los laboratorios de tecnología espacial de punta todavía no pueden abrirse al público, este espacio privilegiado muestra de manera lúdica e interactiva las técnicas y las realizaciones que representan elementos esenciales para la vida de cada día. Toulouse no se ha equivocado en cuanto a la importancia de la economía en el turismo. Ciudad piloto en Francia en este nueva ingeniería turística, también sabe traer aire fresco a los edificios industriales del siglo XIX, como a los antiguos Abattoirs o mataderos construidos por Urbain Vitry, que ahora se han vuelto un espacio de Arte moderno y contemporáneo.

Forge de Laguiole
© KATHIA MAGRON

Spatial

Space • espacial

Constellation SkyBridge d'Alcatel Espace.

Le pôle spatial de Toulouse, le plus complet d'Europe, est né en 1968 avec l'implantation de l'Agence spatiale française, le CNES. Il excelle dans l'observation de la Terre, les télécommunications et, après avoir favorisé le boom de l'informatique industrielle, il dynamise des secteurs clés comme la robotique et la médecine spatiale.
L'activité du CNES, centre de programmation et de conception, a permis le développement d'une activité industrielle d'intégration de satellites (Matra Marconi Space et Alcatel Space).
Aujourd'hui, en parallèle à la fabrication de plates-formes et de charges utiles (météo, TV, Spot...), MMS et Alcatel Space apportent aux opérateurs une maîtrise d'œuvre complète de systèmes de communication par satellites.

Le satellite Jason embarque – avec Geostep – la technologie indispensable au Système Mondial d'Observation des Océans.

Toulouse's space center, the most complete in Europe, was founded in 1968 with the arrival of the CNES. After having stimulated the industrial computing boom, today it excels at earth observation and telecommunications while energizing key sectors such as robotics or space medicine.
The activities of the CNES, design and programming center, has led to the development of industrial satellite integration (Matra Marconi Space and Alcatel Space).
Today, MMS and Alcatel Space, in addition to manufacturing platforms and payloads for one off satellites (weather, TV, SPOT etc.), are providing operators with complete prime contractorship of satellite communication systems.

Le CNES : un pôle de compétences de 2 400 personnes.

El polo espacial de Toulouse, el más completo de Europa, ha nacido en 1968 con la implantación de la agencia espacial francesa, el CNES (Centro Nacional de Estudios Espaciales). Destaca en la observación de la Tierra, las telecomunicaciones y, tras haberse favorecido del boom de la informática industrial, lanza sectores clave como la robótica y la medicina espacial.
La actividad del CNES, centro de programación y de concepción, ha permitido el desarrollo de una actividad industrial de integración de satélites (Matra Marconi espacio y Alcatel espacio).
Hoy en día, paralelamente a la fabricación de plataformas y de cargas útiles (el tiempo, TV, espot, etc.), MS y Alcatel espacio permiten que los operadores tengan el control completo de los sistemas de comunicación por satélite.

Météopole
un site unique en Europe

An unique complex in Europ
Un recinto único en Europa

En rassemblant sur un même site à Toulouse plus de mille personnes, Météo-France montre sa volonté d'être parmi les meilleurs de l'Europe météorologique de demain, et d'assumer au mieux sa vocation : fournir au quotidien ses services à l'économie nationale. La météopole regroupe les grands services de Météo-France :

• Le Service central d'exploitation de la météorologie (SCEM). Avec des moyens modernes et performants, ce service, véritable cœur de Météo-France, collecte des données en provenance du monde entier. Avec l'aide d'un calculateur Fujitsu surpuissant - 60 milliards d'opérations élémentaires à la seconde - le SCEM mène à bien ses tâches : prévision du temps et banque de données climatiques.

• Les 270 chercheurs du Centre national de recherches météorologiques (CNRM) travaillent essentiellement sur les modèles numériques servant à la connaissance de l'atmosphère ou des climats.

• L'Ecole nationale de la météorologie est chargée de la formation des ingénieurs et techniciens de Météo-France, ainsi que des personnels militaires spécialisés en météorologie.

• Le Centre départemental de la météorologie (CDM) assure l'élaboration et la diffusion de l'information météorologique sur le département de la Haute-Garonne. Il dispose d'une station à l'aéroport de Toulouse-Blagnac pour assurer sa mission d'assistance aéronautique.

• Le Centre international de conférences (CIC), avec son amphithéâtre de 280 places et ses salles de commission de 25 et 50 places, peut accueillir réunions et colloques dans les meilleures conditions techniques, avec possibilité de restauration sur place.

En partenariat avec Météo-France, sont également installés sur le site le Centre militaire d'océanographie (CMO), qui répond en continu aux besoins militaires des armées, le CERFACS (Centre européen de recherche et de formation avancée en calcul scientifique), partenaire de Météo-France pour l'étude de l'évolution du climat.

The national weather centre, Météo France, is a complex where the major organisations in French meteorological operation and research are installed, over 1,000 people in all.

• The SCEM (Service central d'exploitation de la météorologie) is the core of the forecasting system. Data from all over the world is processed here by state of the art technology—led by a Fujitsu super-computer that deals with 60 billion operations per second—to produce accurate forecasting and build up the data base.

• 270 researchers at the CNRM (Centre national de recherche météorologique) work mainly on digital models to increase our knowledge of the atmosphere and climates.

• The Ecole nationale de la météorologie trains Météo France engineers and technicians, as well as military staff specialising in meteorology.

• The CDM, Centre départemental de la météorologie, is responsible for making local forecasts and distributing them to the Haute-Garonne département.

• The CIC, Centre international de conférences, contains a fully-equipped 280-seat amphitheatre and 25-50-seat meeting rooms for conferences and symposia, with restaurant facilities.

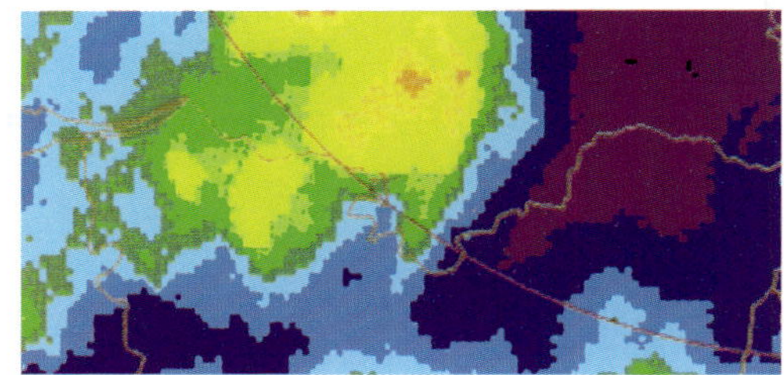

In partnership with Météo-France, other on-site organisations include the CMO (Centre militaire d'océanographie), and CERFACS (Centre européen de recherche et de formation avancée en calcul scientifique) which works on the study and evolution of climates.

En el mismo recinto, caso único en Europa, la Meteópolis

© METEO FRANCE

reagrupa más de mil personas repartidas entre :

• El Servicio central de explotación meteorológica (SCEM). Con medios modernos y eficaces, este servicio, verdadero corazón de la Meteorología de Francia, recolecta datos que provienen del mundo entero. Con la ayuda de un calculador Fujitsu superpotente - 60 millardos de operaciones elementares por segundo - el SCEM lleva a buen puerto sus tareas : previsión y banco de datos.

• Los 270 investigadores del Centro nacional de investigación meteorológica (CNRM) trabajan sobre los modelos numéricos que sirven para conocer la atmósfera o el clima.

• La Escuela nacional de meteorología se encarga de la formación de los ingenieros y técnicos de Meteorología de Francia, así como de la plantilla militar especializada en meteorología.

• El Centro departamental de meteorología (CDM) garantiza la elaboración y la difusión de la información meteorológica en el departamento de la Haute-Garonne.

• Con su anfiteatro para 280 personas y sus salas de comisión para 25 y 50 personas, el Centro internacional de conferencias (CIC) puede acoger reuniones y coloquios en las mejores condiciones técnicas, con posibilidad de restauración allí mismo.

Conjuntamente con Meteorología de Francia, están también presentes en la Meteópolis: el Centro militar de oceanografía (CMO) que responde de forma continuada a las necesidades militares de la armada, el CERFACS (Centro europeo de investigación y de formación avanzada en cálculo científico), socio de Meteorología de Francia para los estudios relativos a la evolución del clima.

Le Centre international de conférences

© METEO FRANCE

Technologies de l'information

Information technology
Tecnologías de la información

© AEROSPATIALE- MATRA

Les Technologies de l'Information et de la Communication sont nées de la convergence des secteurs de l'électronique, de l'informatique et des télécommunications. Pour leur développement, les TIC s'appuient sur d'autres secteurs forts de Toulouse comme l'industrie spatiale avec notamment les constellations de satellites. Leurs applications sont multiples. On peut citer la téléphonie mobile, Internet, le télétravail, la gestion de la mobilité, la radiodiffusion numérique, le cinéma électronique, la télémédecine, l'ingénierie génétique, etc. Ses infrastructures, ses industries et ses laboratoires performants accordent à Toulouse tous les atouts pour s'imposer dans les activités de la création et du multimédia.

Information and Communication Technologies (TIC's), have developed at the crossroads of electronics, IT and telecommunications. The TIC's also depend on developments in Toulouse's other strong sectors such as the space industry, with in particular, satellite constellations. The applications of these new technologies are numerous : the mobile phone, Internet, working from home, mobility management, digital broadcasting, electronic movies, telemedicine and genetic engineering, to name but a few. Thanks to its infrastructure, high powered laboratories and companies, Toulouse has what it takes to stand out in the know-how industry and the multimedia sector.

© SPOT IMAGE

Las Tecnologías de la Información y de la Comunicación han nacido tras la convergencia de los sectores de la electrónica, de la informática y de las telecomunicaciones. Para un mejor desarrollo, las TIC se apoyan en otros sectores importantes de Toulouse como la industria espacial, y en especial las constelaciones de satélites. Las aplicaciones son múltiples. Se pueden citar la telefonía móvil, Internet, el teletrabajo, la gestión de la movilidad, la radiodifusión numérica, el cine electrónico, la telemedicina, la ingeniería genética, etc.
Las infraestructuras, las industrias y los laboratorios perfeccionados otorgan a Toulouse todas las ventajas para imponerse en las actividades de la creación y del multimedia.

Electronique

Electronics • Electrónica

Une opération de contrôle sous pointes de circuits intégrés dans une salle blanche de Motorola.

© MOTOROLA

Attiré par une main d'œuvre jeune et un tissu universitaire et de recherche de qualité, Motorola, en s'installant à Toulouse en 1968, allait montrer la voie à Thomson CSF, à Siemens, et créer le pôle électronique. Les progrès réalisés dans les domaines de la micro-électronique, de la micro-mécanique, du traitement de l'information ou des capteurs physico-chimiques ont rendu les composants de plus en plus petits, de plus en plus intégrés, de plus en plus performants et rapides, facilitant ainsi l'embarquement de systèmes électroniques à bord de mobiles.

Motorola arrived in Toulouse in 1968, drawn by the city's young workforce, top schools and excellent research institutions. Thomson CSF and Siemens followed in their footsteps, thus creating a center of electronics. Progress made in the areas of microelectronics, micro-mechanics, information processing or physico-chemical sensors, has made it possible to produce smaller, more integrated, higher performing and faster components, thus facilitating on-board electronic systems for mobiles.

Atraída por una mano de obra joven y un tejido universitario y de investigación de calidad, Motorola, al instalarse en Toulouse en 1968, iba a preparar el camino a Thomson CSF, Siemens, y crear el polo electrónico que hoy conocemos todos. Los progresos realizados en los ámbitos de la microelectrónica, de la micromecánica, del tratamiento de la información y de los captadores fisicoquímicos han hecho que los componentes se vuelvan cada vez más pequeños, más integrados, mejores y más rápidos.

© LAAS

Enseignement, recherche

Teaching, research
Educación superior, investigación

© STC VILLE DE TOULOUSE

Conséquence du renouveau urbain qui marquera l'Europe occidentale au bas Moyen Age, l'université de Toulouse est crée en 1229, juste après la Sorbonne. Dans la logique de son engagement pour la renaissance du droit romain, elle privilégiera un enseignement des disciplines appliquées, déjà très lié à l'activité économique, et qui s'avérera désicif lors de la création des grandes écoles aux XIXe et XXe siècles.

La richesse économique de Toulouse doit beaucoup aux relations tissées très tôt entre enseignement, recherche et entreprises. Contractualisées ou non, elles créent un climat propice au développement durable de secteurs en multiplication constante.

La recherche toulousaine, notamment pour l'ingéniérie et le génie des procédés, mobilise 400 unités de recherche et 11 000 professionnels dans le secteur public. Elle positionne la région Midi-Pyrénées au 2e rang national pour les dépenses en recherche et développement industriels.

L'enseignement, appliqué aussi aux sciences humaines, est à l'écoute d'une économie orientée vers la conception, les essais et le contrôle. Toulouse délivre l'un des plus forts taux nationaux de doctorats scientifiques.

Founded in 1229 with the Treay of Paris, the real birth of the university of Toulouse, occurred in 1233, with southern professors and privileges granted in a papl bull. Toulouse broke the monopoly of Paris, and joigned Bologna, Naples, Oxford and Cambridge as the sixth university in Europe.

The economy of Toulouse is based on the solid relationships which have been established over time between teaching, research and companies. This dynamic collaboration, whether formalized or not, is furthering the sustained growth of ever-expanding sectors.

Toulouse's research sector, leads the way in France particularly for engineering sciences and engineering processes, and includes 400 research units with 11,000 people working in the public sector. This makes Midi-Pyrénées the second region in France for industrial R&D spending.

Higher education in Toulouse, which is also renowned in the human sciences, is in tune with the economy, itself directed towards the design, testing and control fields. The city produces one of the highest levels of scientific post-graduates in France.

Furthermore, with a high concentration and constant flow of foreign students (10%) and hundreds of research and doctoral graduates, Toulouse has a solid word-of-mouth network for promoting the know-how of its companies.

A raíz de la renovación urbanística que marcó Europa occidental en la baja Edad Media, la Universidad de Toulouse fue creada en 1229, inmediatamente después de la Sorbona. La riqueza Económica de Toulouse reside principalmente en las relaciones creadas desde un principio entre la enseñanza superior universitaria, la investigación y

las empresas. Contractualizadas o no, crean un clima propicio al desarrollo sostenible de sectores en multiplicación constante.

En el pelotón de cabeza, en especial para la ciencia de la ingeniería y el control de los procesos, la investigación en Toulouse moviliza 400 unidades de investigación y 11 000 profesionales en el sector público. Por consiguiente, la región Midi-Pyrénées se sitúa en 2ª posición nacional para gastos en Investigación y Desarrollo industrial.

La enseñanza superior universitaria, aplicada también a las ciencias humanas, está a la escucha de una economía orientada hacia la concepción, las pruebas y el control. Toulouse otorga aquí el porcentaje de doctorados científicos más altos de Francia.

El 10 % de estudiantes extranjeros, los centenares de investigadores y de doctorados que residen en Toulouse para su programa de estudios consolidan la red tolosina de difusión del saber hacer de las empresas de la región.

© FABRE - LEXIES

Santé

Health

Salud

Au XVIe siècle, à Toulouse, un apothicaire jésuite élabore en public la thériaque, préparation distribuée ensuite aux hôpitaux et aux apothicaires de la ville. Innovation, fabrication et distribution – que l'on trouve dans cette anecdote – sont aujourd'hui les grands axes de développement du secteur médical.

Le tissu industriel est constitué par de grands groupes pharmaceutiques (Laboratoires Pierre Fabre, Sanofi, Rhône-Mérieux), par des PME qui produisent un large éventail de consommables et de matériels médicaux et par de petites entreprises qui privilégient une stratégie de « niche ». Un pôle exceptionnel de formation dans les métiers de la santé, la synergie avec le potentiel électronique, spatial et chimique (Elf-Atochem, SNPE) favorisent l'essor de ce secteur qui s'appuie également sur le potentiel de recherche du premier pôle français de production de semences (Novartis, Pioneer) et des biotechnologies (Biovector Therapeutics, Cayla).

145 millions d'unités sont produites chaque année dans les usines des Laboratoires Pierre Fabre, 2e laboratoire privé français.

© FABRE - LEXIES

In Toulouse, in the 16th century, a Jesuit apothecary made theriac in public, and this was then distributed to hospitals and other apothecaries in the city. Innovation, manufacture and distribution-this anecdote shows the major development strategies of the health sector today . The industry consists of large pharmaceutical companies (Lab.Pierre Fabre, Sanofi, Rhône-Mérieux), small and medium sized firms providing a wide range of consumables and materials required by the medical sector and small niche companies.

Toulouse's health sector is fast growing stimulated by exceptional training facilities in the healthcare field and synergy with the electronics, space and chemical industries (Elf-Atochem, SNPE). This sector also draws its strength from the fact that Toulouse is a major research center in France for seed production (Novartis, Pioneer) and biotechnologies (Biovector Therapeutics, Cayla).

En Toulouse, allá en el siglo XVI, un boticario jesuita elabora en público la teoriaca, preparación distribuida luego a los hospitales y a los demás boticarios de la ciudad. Innovación, fabricación y distribución - como se puede ver en esta anécdota - son hoy en día los grandes ejes del desarrollo del sector médico.

El tejido industrial consta de grandes grupos farmacéuticos (Laboratorios Pierre Fabre, Sanofi, Rhône-Mérieux), de PYMES que producen un amplio abanico de productos consumibles y de material médico y de pequeñas empresas que prefieren una estrategia de « nicho ». Polo excepcional para formarse a los oficios de la salud, la sinergia con el potencial electrónico, espacial y químico (Elf-Atochem, SNPE) favorecen el alza de este sector que se basa también en el potencial de investigación del primer polo francés de producción de semillas (Novartis, Pioneer) y de biotecnología (Biovector Therapeutics, Cayla).

Un marché de 800 000 consommateurs

A market of 800,000 consumers
Un mercado de 800 000 consumidores

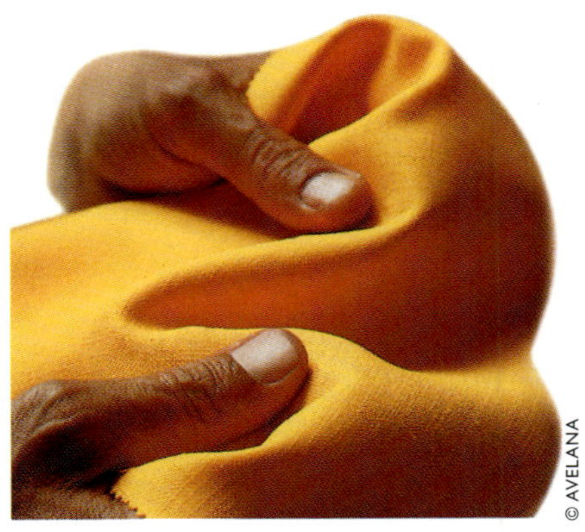
© AVELANA

Le Pays d'Olmes, en Ariège, accueille des sociétés qui sont présentes au niveau international : Avelana, le premier producteur mondial de polyester et de Lycra.

Toulouse génère des activités directement tournées vers son bassin de population et celui de sa région (2,5 millions d'habitants) pour satisfaire ses besoins essentiels comme se nourrir, se soigner, s'habiller, se loger, se divertir, etc.
Pour répondre à ces besoins qui, généralement, relèvent des secteurs traditionnels comme l'alimentaire et le textile, les entreprises bénéficient de l'apport de la recherche locale pour la constante amélioration de la qualité de leur production.
Ces compétences et savoir-faire permettent, à plusieurs d'entre elles, un développement de dimensions nationales ou internationales et l'exportation de Toulouse des produits et services déjà proposés et appréciés en région.

© INRA

Midi-Pyrénées assure la moitié de la production nationale de sorgho.

Toulouse is distinguished by certain business activities which are directly orientated to satisfying the essential needs of the city's population pool and that of the region (2.5 million inhabitants) in food, healthcare, housing and entertainment.
These companies, are on the whole, in traditional sectors such as food, agriculture and textiles. They are benefiting from local research for the continual improvement of the quality of their products.
This know-how and expertise have allowed some of these firms to develop on a national and international level and to export from Toulouse products and services that have already been tried, tested and appreciated in the region.

Toulouse genera actividades directamente ligadas a su población y a su región (2,5 millones de habitantes) para satisfacer las necesidades esenciales, tales como comer, curarse, vestirse, alojarse, divertirse, etc.
Para responder a estas necesidades que, generalmente, provienen de sectores tradicionales como el de la alimentación y el del textil, las empresas pueden beneficiarse de lo que la investigación local aporta para mejorar constantemente la calidad de la producción.
Estas competencias y el saber hacer permiten que varias de ellas se desarrollen en el ámbito nacional e internacional y exporten productos y servicios que ya se proponen y se aprecian en esta región.

Informations et médias

Informations and the media
Informaciones y medios de comunicación

Clé de voûte de la presse en Midi-Pyrénées, le quotidien régional la Dépêche du Midi est à l'origine d'un groupe propriétaire de plusieurs périodiques dont un célèbre hebdomadaire national : Midi Olympique, le journal du rugby. Avec un établissement de France 3, la chaîne de télévision locale hertzienne TLT, le siège de Sud Radio et de nombreuses radios locales, Toulouse dispose aussi d'un fort potentiel dans le domaine audiovisuel. Celui-ci a favorisé l'émergence d'activités de production parmi lesquelles Imako fait aujourd'hui figure de leader régional.
Les nouvelles technologies de l'information ont enrichi ce paysage médiatique de nouvelles sociétés innovantes. Ainsi Master Image et Audio 3, 3 D ou Arletty 3 qui diffuse aujourd'hui en France, Belgique, Suisse, Allemagne et Grande-Bretagne ses applications télématiques audiotels (téléphone), vidéotels (Minitel) et Internet.

The regional Midi-Pyrénées newspaper, the *Dépêche du Midi*, is a local institution. It is now at the centre of a group that owns several periodicals, including the famous national weekly *Midi Olympique*, devoted to rugby. Toulouse also has strong potential in broadcasting, with offices and studios for the national channel France 3, the local TV station TLT, the offices of Sud Radio and many local radio stations. This activity in the audiovisual field has encouraged the emergence of production activities, among which *Imako* is now considered to be a regional leader. The new information technologies have enhanced the media world with new innovative businesses. Thus, Master Image and Audio 3, 3 D and Arletty 3 are active in making their audiotelephone and teletext (Minitel) applications available in France, Belgium, Switzerland, Germany and Great Britain.

Piedra angular de la prensa en Midi-Pyrénées, el diario regional la *Depêche du Midi* agrupa varios periódicos de entre los cuales podemos citar el célebre diario deportivo semanal nacional: *Midi Olympique*, el diario del rugby. Con una antena de France 3, la cadena de televisión local TLT, la sede de Sud Radio y numerosas radios locales, Toulouse dispone también de un gran potencial en el ámbito audiovisual. De hecho, gracias a todo ello se han podido crear actividades de producción, de entre las cuales Imako es la más conocida y figura como líder regional.
Las nuevas tecnologías de la información han venido a enriquecer este ámbito audiovisual con nuevas sociedades innovantes. Por ejemplo, Master Image y Audio 3, 3 D o Arletty 3, que difunde hoy en día en Francia, Bélgica, Suiza, Alemaña y Gran-Bretaña sus aplicaciones telemáticas audioteles (teléfono), videoteles (Minitel) e Internet.

Salle de montage numérique chez Audio 3.
© AUDIO 3

Rotatives de la Dépêche du Midi
© DEPECHE DU MIDI

Studio d'enregistrement de TLT
© TLT

expo
congrès
salons
ISSUE
SECOURS

Centre de Congrès Pierre Baudis

Inauguré en octobre 97, le Centre de Congrès Pierre Baudis offre à ses utilisateurs le double confort d'être situé en plein centre-ville et dans un parc de 10 hectares, le jardin de Compans Caffarelli. De verre et de brique, avec son ossature métallique, ce bâtiment s'intègre parfaitement dans son environnement côté jardin par son immense serre paysagée. À 15 minutes de l'aéroport, d'une capacité de 2 000 congressistes, auditorium, salles, hall d'accueil, espace d'expositions et de restauration, toutes les salles de ce nouvel équipement sont en lumière naturelle. Cette configuration performante est complétée par un hôtel intégré Mercure 3*** et une capacité de parking de 1 600 places à proximité.

Opened in 1997, the Pierre Baudis Congress Centre offers attendees a city centre location in a 25 acre park, the Compans Cafarelli Gardens. All in brick and glass, on a metal framework, the building's huge plant-filled conservatory blends well into the garden side of the environment. Located just 15 minutes from the airport, the centre has a capacity of 2,000. The auditorium, meeting rooms, lobby, exhibition space and restaurant are all naturally lit areas. The whole complex is complemented by an adjoining 3-star Mercure hotel and a car park for 1,600 vehicles.

Inaugurado en octubre 1997, el Centro de Congresos Pierre Baudis ofrece a sus usuarios el doble confort de estar situado en pleno centro de la ciudad y en un parque de 10 hectáreas, el jardín de Compans Caffarelli. De cristal y ladrillo, con su armazón metálico, este edificio se integra perfectamente a su entorno lado jardín gracias a su inmenso invernadero. A 15 minutos del aeropuerto, con una capacidad para 2 000 congresistas, auditorio, salas, sala de acojida, espacio para exposiciones y restauración, todas las salas de este nuevo equipamiento tienen luz natural. Etsa configuración eficaz se completa con un hotel integrado, Mercure***, y un aparcamiento para 1 600 vehículos.

ARCHITECTES : MANDATAIRE : ATELIER 13 - N. ROUX-LOUPIAC - JPH. LOUPIAC - ASSOCIÉ : PLAN CRÉATIF M. COMMISSAIRE - S. MARKOVIC - PHOTO J.C. MEAUXSONNE

Carrefour international du tourisme d'affaires

Carrefour international de la recherche et de l'enseignement, Toulouse est depuis longtemps une des plus importantes villes européennes de congrès et colloques scientifiques. Cette activité se développe d'années en années et induit la mise en place de structures d'accueil aux capacités de plus en plus importantes. En parallèle, la capacité hôtelière s'est fortement développée ces dix dernières années. Les foires et salons sont des lieux essentiels d'échanges de produits et de connaissances. Certains sont spécifiques et d'autres uniques en leur lieu comme les salons internationaux, le SIAM (salon inversé de l'approvisionnement industriel), le FAUST (salon international des technologies de la création et de l'innovation) et le SITEF (marché international des technologies avancées).

© DIAGORA

Diagora, centre de congrès de Toulouse Labège.

Toulouse, now a major research centre, has for long been one of the major European cities for scientific congresses and symposia. This activity continues to develop year by year and has led to setting up structures to host events with ever greater capacity. In parallel with this, hotel accommodation has seen strong development over the last ten years. Trade Fairs have become essential to the exchange of products and know-how. Some fairs in Toulouse are highly specific, with some being quite unique in the country, as with the international fairs SIAM (the Mediterranean inverse procurement fair gathering potential buyers with special requirements), FAUST (Forum for the Arts and the Universe of Science and Technology) and SITEF (the international advanced technology fair).

© LA FEUILLERAIE

Comté de Toulouse - la Feuilleraie

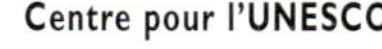

Centre pour l'UNESCO

© UNESCO

Centro internacional de investigación, Toulouse es desde hace tiempo una de las ciudades europeas más importantes a nivel de congresos y coloquios científicos. Esta actividad se desarrolla cada año y crea estructuras de acojo para capacidades cada vez más importantes. Al mismo tiempo, la capacidad hostelera se ha desarrollado muchísimo desde hace unos diez años. Las Ferias y los Salones son lugares primordiales para intercambiar productos y conocimientos. Algunos son específicos y otros únicos en su género, como los salones internacionales SIAM (salón invertido del suministro industrial mediterráneo), FAUST (Fórum de las artes y del universo científico y tecnológico) y SITEF (mercado internacional de las tecnologías de punta).

© FAUST - O MINH

Le **FAUST**, salon unique en France, à la fois lieu d'expositions et de spectacles

© FAUST - O MINH

Parc des Expositions de Toulouse

Le Parc des Expositions de Toulouse et ses diverses installations offrent des possibilités adaptées à chaque demande professionnelle ou grand public : organisation complète de manifestations, location de prestations diverses, création, installation, agencement de toutes prestations techniques. S'étendant sur une surface totale de 90 000 m² d'exposition dont 40 000 m² couverts, les structures modulables permettent de satisfaire les organisateurs de salons, expo congrès, colloques et conférences.

Avec 250 jours d'occupation et l'accueil de plus de 720 000 visiteurs pour une quarantaine de manifestations, le Parc des Expositions de Toulouse fait partie des lieux de rencontres et d'affaires qui comptent.

La Société concessionnaire du Parc des Expositions de Toulouse accueille des manifestations régionales, nationales et internationales parmi lesquelles FAUST, SITEF, SIAM, MID'HÔTEL, le Salon des Antiquaires, de la Moto... Elle organise par ailleurs 7 manifestations dans les domaines les plus variés : Foire Internationale, Salon de l'Habitat et de l'Investissement Immobilier, Salon Meubles et Déco d'intérieur, Salon des Artisans d'Art, Salon de l'Auto et BATEXPO, Salon professionnel du Bâtiment et des travaux public et le Salon des Vins créé en novembre 1999.

Toulouse Exhibition Park and its multiple facilities offer tailor-made organisation adapted to each demand, whether public or professional: turnkey event organisation, service by service hire, design, installation, fitting out, etc. Covered surfaces amount to some 450,000 sq ft out of a total 960,000 sq ft. The modular architecture means these areas can be adapted to any configuration, to satisfy the requirements of all types of events: trade shows, congresses, exhibitions, symposia and conferences. Booked 250 days a year on average, some 720,000 people attending 40 events, the Toulouse Exhibition Park is a major player on the local and international business scene. The Toulouse Exhibition Park Concession Company organises regional, national and international events, including FAUST (international arts and advanced technologies), SITEF (a leading, bi-annual high-tech exhibition), SIAM (professional trade fair, highlighting the work of subcontracting companies), MID-HOTEL, the Antiques Fair, the Motorbike exhibition, etc. Seven other regular exhibitions illustrate the Park's management of very varied events: the Toulouse International Trade Fair, the Home and Housing fair, the Furniture and Decoration fair, the Arts and Crafts fair, the Automobile exhibition, and BATEXPO, a trade fair for the building trade and public works enterprises and the Wine Fair created in November 1999.

Une situation privilégiée
A prime location
Una situación privilegiada

Une situation privilégiée, tel est bien le cas pour le Parc des Expositions de Toulouse : Situé à moins de 10 mn du centre-ville, sur une île au milieu de la Garonne, il allie charme et confort pour les visiteurs avec un parking gratuit de plus de 5 000 places.

Its prime location is another attraction: 10 minutes from the city centre, the park is spread out on an island in the Garonne river, with a car park for 5,000 vehicles.

Una situación privilegiada, tal es el caso para el Parque de Exposiciones de Toulouse : Situado a menos de 10 mn del centro, sobre una isla en medio de la Garona, alía encanto y confort para los visitantes con un aparcamiento gratuito para más de 5 000 vehículos.

El Parque de Exposiciones de Toulouse y sus diversas instalaciones ofrecen una organización adaptada a cada demanda, ya sea para profesionales o para todos los públicos : organización completa de manifestaciones, alquiler para prestaciones diversas, creación, instalación, arreglos para cualquier prestación técnica.
Extendiéndose sobre una superficie total de 90 000 m² de exposición de los que 40 000 m² están cubiertos, las estructuras modulables permiten satisfacer los organizadores de salones, ferias, congresos, coloquios y conferencias. Con un nivel de ocupación de 250 días y habiendo acogido más de 720 000 visitantes para unas cuarenta manifestaciones, el Parque de Exposiciones de Toulouse forma parte de un lugar de encuentro y de negocios que hay que tener en cuenta.
La Sociedad Concesionaria del Parque des Exposiciones de Toulouse acoge manifestaciones regionales, nacionales e internacionales como FAUST, SITEF, SIAM, MID'HÔTEL, el Salón de los Anticuarios, de la Moto…Organiza también 7 manifestaciones de ámbitos muy variados : Feria Internacional, Salón del Hábitat y de la Inmobiliaria, Salón del Mueble y de la Decoración, Salón de los Artesanos del Arte, Salón del Automóvil y BATEXPO, salón profesional sobre la Construcción y las obras públicas y el Salón de los Vinos, creado en noviembre de 1999.

La Foire internationale

International Trade Fair • Feria Internacional

«Printemps au jardin» à la Foire internationale

Rendez-vous annuel du printemps, depuis 1928, la Foire internationale de Toulouse est devenue par sa qualité et le nombre de visiteurs une des plus importantes de France. Véritable vitrine du monde, 1 400 firmes et 45 pays présentent leur savoir-faire à plus de 190 000 visiteurs.

Since 1928, the annual Spring event in Toulouse is the city's International Trade Fair, one of the best attended in France. From 45 countries around the world, 1,400 companies present their products, skills and expertise to over 190,000 visitors.

Cita anual de primavera desde 1928, la Feria Internacional de Toulouse se ha convertido por su calidad y el número de visitantes, en una de las más importantes de Francia. Verdadero escaparate del mundo, 1 400 empresas y 45 países presentan su saber hacer a más de 190 000 visitantes.

Sports en ovalie

Rugby country
En el país del Rugby

Le stadium, réaménagé pour la Coupe du Monde de football 1998, peut accueillir 36 000 spectateurs

© STC VILLE DE TOULOUSE

Antoine Blondin le décrivait ainsi : « *Ici, les grands sautent, les petits s'infiltrent, les gros enfoncent, les légers s'échappent...* » Sport emblématique en terre occitane, le rugby fait battre depuis toujours le cœur des Toulousains. Les jours de matchs décisifs, la ville se pare de rouge et noir pour supporter les couleurs du Stade Toulousain. Challenge Du Manoir, Championnat de France, Coupe d'Europe, tout réussit à cette fameuse équipe de rugby à XV et chaque victoire déchaîne de véritables liesses populaires dans toute la ville. Plus qu'un sport, c'est une culture et Toulouse accueille en 1999 plusieurs matchs de la Coupe du Monde de rugby.

D'autres manifestations aussi pittoresques se déroulent chaque année, comme Garona : pour fêter son fleuve, particuliers ou entreprises, tous les toulousains sont conviés à construire un « objet flottant » qui permettra à chaque équipe d'affronter les flots tumultueux, de l'Ariège pour les plus courageux, et de la Garonne pour tous les participants. L'arrivée à la Prairie des Filtres de cette course loufoque est l'occasion pour les Toulousains, massés sur les quais, d'assister avec délectation au passage de la dernière chaussée du fleuve, moment fatidique pour tester la solidité des embarcations.

Garona

Toulouse ne néglige par pour autant les autres disciplines et s'enorgueillit d'excellentes équipes de basket, de hand-ball, auquelles le palais des Sports est entièrement consacré.

The writer Antoine Blondin described Toulouse as follows « *...here, the tall ones jump, the little ones burrow their way through, the heavier players drive in and the slightly built weave their way out...* ». Toulouse's favourite sport, rugby, keeps the City in state of excitement and it regularly decks itself out in red and black, the colours of its famous club, the Stade Toulousain, winners many times of the Bouclier de Brénus championship trophy. Indeed, in 1999, Toulouse will host several Rugby World Cup matches.

But Toulouse also welcomes the tennis Grand Prix and volleyball and squash world championships.

The Toulouse Stadium, built in 1949 and renovated in 1998 for the Soccer World Cup in 1998, can now seat more than 36,000 supporters. It is situated close to the City Centre, being built on an island between two stretches of the Garonne.

But other, more original events take place throughout the year, as with *Garona*, a festival to celebrate the river, where teams of individuals and from businesses throughout Toulouse are encouraged to build a "floating object" to brave the strong current of the Ariège River for the hardy and the Garonne for all those taking part. The arrival of this crazy race at the *Prairie des Filtres* provides an opportunity for the people of Toulouse assembled on the riverside to enjoy the sight of the final test of the strange vessels' solidity as they cross the last weir.

Antoine Blondin lo describía así *«...aquí, los grandes saltan, los pequeños se infiltran, los gordos van hacia adelante y los ligeros se escapan...»*.

Deporte de predilección, el rugby hace latir el corazón de los habitantes de Toulouse y la ciudad se viste de rojo y negro para celebrar las victorias del equipo local, el famoso *Stade Toulousain* ganador varias veces del Bouclier de Brennus. Toulouse recibirá en 1999 varios partidos de la Copa del Mundo de Rugby. Pero no hay que olvidar que acoge también el Grand Prix de tenis, los campeonatos del mundo de balonvolea y de esquash.

Construido en 1949 y renovado en 1998 para la Copa del Mundo de Fùtbol en 1998, el estadio Stadium de Toulouse puede albergar más de 36 000 aficionados. Cerca del centro de la ciudad, está situado en una isla entre los dos brazos de la Garona. Pero existen manifestaciones deportivas más originales que tienen lugar cada año, como Garona: para celebrar su río, ya sean particulares o empresas, todos los habitantes de Toulouse están invitados a construir un «objeto flotante» que permita a cada equipo de afrontar las aguas bravas, desde el Ariège para los más temerosos, y desde la Garona para todos los participantes. La llegada a la *Prairie des Filtres* es la ocasión para los habitantes de Toulouse, amontonados en los muelles, de asistir con delectación al paso por el ùltimo malecón del río, momento fatídico en que se ponen a prueba la solidez de las embarcaciones.

Arrivée triomphale des joueurs du Stade Toulousain après leur victoire au Championnat de France 1999

Souvenirs

Loisirs ou affaires, les voyages sont toujours trop courts. Tant de plaisirs que l'on souhaiterait prolonger. Alors de souvenirs on se charge, pour ses proches, pour emporter un peu du pays que l'on vient de visiter. A découvrir, à collectionner ou à déguster, Toulouse offre plusieurs spécialités dont une des plus célèbres, la violette. Petite fleur d'hiver, emblème de Toulouse, la violette se décline de mille façons, bouquets de fleurs fraîches, bonbons cristallisés, parfums, liqueurs et poupée-souvenir. Créée par la Maison d'Horphin, la poupée *la marchande de violettes* est inspirée du costume de la Grisette toulousaine, jeune fille des faubourgs. De satin ou de semis de violette habillée, de dentelle parée et de paille chapeautée c'est une ravissante petite ambassadrice de la Ville.

Vous n'aurez que l'embarras du choix pour les souvenirs gastronomiques : traditionnel gâteau du Fenêtra, cassoulet, confits et foies gras, vins régionaux et Armagnacs...

Every journey or visit has its end. So why not seek to prolong the pleasure encountered or share it with ones friends and loved ones by keeping something from the place you have visited. Like other major cities of interest, Toulouse has many things to collect or savour. Among the best know specialities are its violets. This small winter flower, emblematic of Toulouse, comes in many forms, as bouquets of fresh-cut flowers, as crystallised sweets, perfumes, liqueurs and souvenir dolls made by the *Maison d'Horphin*. These figurines, based on the Toulouse *Grisette* costume, represent young girls from the traditional suburbs. These "violet-seller" dolls, whether clothed in satin or decked out with violet flowers, wearing lace and a straw hat make marvellous ambassadresses for the City. As for gastronomic delights, there is a huge choice of products to take away with you, from the traditional cake of the *Fenêtra*, to the traditional cassoulet bean stew, *confit* preserved meats and *foies gras*, fine regional wines and Armagnac brandies.

La marchande de violettes

Gateau du Fénétra

Ya sea por placer o por negocios, los viajes son siempre demasiado cortos, tantos son los placeres que se desearían prolongar. Por lo que se compran recuerdos para la familia que no se ha olvidado, de manera a guardar un trozo del país que se acaba de visitar. Para descubrir, para coleccionar o para degustar, Toulouse ofrece, igual que todas las grandes ciudades, varias especialidades. De entre las más célebres citaremos las violetas. Pequeña flor de invierno, emblema de Toulouse, la violeta se declina de mil maneras, ramos de flores frescas, caramelos cristalizados, perfumes, licores y muñecas-recuerdo creadas por la *Maison de Horfin*. Inspiradas de tarje de la *Grisette* tolosina, una joven de los suburbios, la muñeca «la vendedora de violetas», vestida de satén o de siembras de violeta, adornada con encajes y con un sombrero de paja, es una deliciosa embajadora de la Ciudad. En cuanto a los recuerdos de gastronomía, tiene mucho por elegir: tradicional pastel de *Fenêtra*, el *cassoulet* (fabada tolosina), carne en «confits» y foie gras, vinos regionales y Armagnacs.

Adresses utiles

Useful adresses • Direcciones útiles

Salles de spectacles Théâtres

Théâtre du Capitole
Place du Capitole
Tél : 33 (0)5 61 63 13 13
■ Opéra, opéra comique, opérette
■ Opera, comic-opera, operetta
■ Ópera, ópera cómica, zarzuelas

Théâtre de la Cité
1 rue Pierre-Baudis
Tél : 33 (0)5 34 45 05 05
■ Théâtre, musique, danse
■ Music, danse
■ Música, danza

Halle aux Grains
Place Dupuy
Tél : 33 (0)5 61 62 02 70
■ Musique, opéra, danse
■ Music, opera, danse
■ Música, ópera, danza

Odyssud
4 avenue du Parc - Blagnac
Tél : 33 (0)5 61 71 75 15
■ Théâtre, musique, danse
■ Music, danse
■ Música, danza

Palais des Sports
Boulevard Lascrosses - Tel : 33 (0)5 62 15 14 14
■ manifestations sportives et spectacles
■ sports events and entertainment
■ manifestaciones deportivas y espectáculos

Zénith
Avenue Raymond Badiou
Tél : 33 (0)5 62 15 14 14
■ Musique ■ Music ■ Música

La Cinémathèque
69, rue du Taur
Tél : 33 (0)5 61 25 66 87
■ Programmation films, documentation
■ Film programme, library
■ Programación películas, documentación

Musées

Musée des Augustins
21 rue de Metz
Tel : 33 (0)5 61 22 21 82
Fermé le mardi • Closed Tuesday • Cerrado los martes / Entrée payante • Fee paying • Entrada de pago
■ Musée des Beaux-Arts de toulouse
■ Toulouse Fine Arts Museum
■ Museo de las Bellas-Artes de Toulouse

Musée Georges-Labit
43 rue des Martyrs de la Libération
Tel : 33 (0)5 61 22 21 84
Fermé le mardi • Closed Tuesday • Cerrado los martes / Entrée payante • Fee paying • Entrada de pago
■ Antiquités et art egyptien, copte, asiatique (chine, Japon…)
■ Works from Roman, Egyptian, Copte, Chinese and Japanese art
■ Antigüedades y arte egipcio, copto, asiático (China, Japón…)

Musée de la Médecine
Hôtel-Dieu Saint-Jacques
Tel : 33 (0)5 61 77 84 25
Fermé le mardi • Closed Tuesday • Cerrado los martes
Entrée payante • Fee paying • Entrada de pago
■ Histoire de la médecine
■ A history of Medecine
■ Historia de la medicina

Musée Paul-Dupuy
13 rue Ozenne - Tel : 33 (0)5 61 22 21 83
Fermé le mardi • Closed Tuesday • Cerrado los martes
Entrée payante • Fee paying • Entrada de pago
■ Arts appliqués du Moyen Âge à nos jours
■ Applied Arts, from the Middle Ages to the present
■ Artes aplicadas desde la Edad Media hasta nuestros días

Musée de la Résistance et de la Déportation
52 allée des Demoiselles
Tel : 33 (0)5 61 14 80 40
Fermé week-end • Closed week-end • Cerrado los días festivos
Entrée gratuite • Free • Entrada gratuita
■ Museum to the Resistance and Deportation
■ Museo de la Resistencia y de la Deportación

Musée Saint-Raymond
Place Saint-Sernin - Tel : 33 (0)5 61 22 21 85
Fermé le mardi • Closed Tuesday • Cerrado los martes
Entrée payante • Fee paying • Entrada de pago
■ Art et archéologie, Antiquité et Moyen-Âge
■ Art and Archeology, Roman and Medieval
■ Arte y arqueología Antigua y de la Edad Media

Musée du Vieux Toulouse
7 rue du May - Tel : 33 (0)5 61 13 97 24
Fermé le mardi • Closed Tuesday • Cerrado los martes
Entrée payante • Fee paying • Entrada de pago
■ Histoire documentaire de Toulouse
■ Toulouse's written history
■ Historia documental de Toulouse

EDF Bazacle
11 quai Saint Pierre
Tel : 33 (0)5 61 23 23 81
Entrée gratuite • Free • Entrada gratuita
■ Exposition, visite de l'usine, passe à poissons
■ Exhibitions, Industrial tourism, Fish-ladder
■ Exposiciones, visitas de la fábrica, pasaje de peces

Galerie Municipale du Chateau d'Eau
Place Laganne - Tel : 33 (0)5 61 42 02 70
Fermé le mardi • Closed Tuesday • Cerrado los martes
Entrée payante • Fee paying • Entrada de pago
■ Galerie de Photographie (collection, expositions)
■ Photographic Gallery, collection and exhibitions
■ Galeria de la Fotografía (colección, exposiciones)

Fondation Bemberg
Hôtel d'Assézat, place d'Assézat
Tel : 33 (0)5 61 12 06 89
Fermé le lundi • Closed Monday • Cerrado los lunes
Entrée payante • Fee paying • Entrada de pago
■ Tableaux Renaissance, Ecole Française Moderne, objets d'arts
■ Renaissance paintings, French Modern Art
■ Cuadros Renacimiento, Escuela Francesa Moderna, objetos de arte

Cité de l'espace
Avenue Jean Gonord - Tel : 33 (0)5 62 71 48 71
Fermé le lundi • Closed Monday • Cerrado los lunes
Entrée payante • Fee paying • Entrada de pago

Les Abattoirs
76 allées Charles de Fitte
Tel : 33 (0)5 61 59 99 96
ouverture prévue en 99 - opening in 1999 - apertura prevista para 1999
■ Modern and Contemporary Art Centre
■ Espacio de Arte moderno y contemporáneo

Informations touristiques

COMITÉ RÉGIONAL DU TOURISME MIDI-PYRÉNÉES
54, bd de l'embouchure
31000 TOULOUSE
Tél. 33 (0)5 61 13 55 55
ESCAPADES
Tél. 33 (0)5 61 13 55 27
FROTSI
Tél. 33 (0)5 61 13 55 77

ARIÈGE-PYRÉNÉES
Comité départemental du Tourisme
BP 143 - 09004 Foix cedex
Tél. 33 (0)5 61 02 30 70

AVEYRON
Comité départemental du Tourisme
6, place Jean Jaurès - BP 831
12008 RODEZ cedex
Tél. 33 (0)5 65 75 55 70

HAUTE-GARONNE
Comité départemental du Tourisme
14, rue Bayard
31000 TOULOUSE
Tél. 33 (0)5 61 99 44 00

GERS
Comité départemental du Tourisme
7, rue Diderot - BP 106
32002 AUCH cedex
Tél. 33 (0)5 62 05 95 95

LOT
Comité départemental du Tourisme
107, quai Cavaignac - BP 7
46001 CAHORS cedex
Tél. 33 (0)5 61 02 30 70

HAUTE-PYRÉNÉES
Comité départemental du Tourisme
7, rue Diderot - BP 106
32002 AUCH cedex
Tél. 33 (0)5 62 05 95 95

TARN
Comité départemental du Tourisme
41, rue Porta - BP 225
81006 ALBI cedex
Tél. 33 (0)5 63 77 32 10

TARN ET GARONNE
Comité départemental du Tourisme
Hôtel des intendants
place Maréchal Foch
82000 MONTAUBAN
Tél. 33 (0)5 63 63 31 40

TOULOUSE
Office de Tourisme
Donjon du Capitole
square du Général de Gaulle
31000 TOULOUSE
Tél. 33 (0)5 61 11 02 22

Hotels

4****

CROWNE PLAZA
7, place du Capitole - Toulouse
Tél. 33 (0)5 61 61 19 19

GRAND HÔTEL DE L'OPÉRA
1, place du Capitole - Toulouse
Tél. 33 (0)5 61 21 82 66

PALLADIA
271, av de Grande Bretagne - Toulouse
Tél. 33 (0)5 62 12 01 20

SOFITEL AÉROPORT
2, av Didier Daurat - Blagnac
Tél. 33 (0)5 61 71 11 25

SOFITEL CENTRE
84, allée Jean Jaurès - Toulouse
Tél. 33 (0)5 61 10 23 10

3 ***

APPARTHÔTEL CITADINES
8, bd de Strasbourg - Toulouse
Tél. 33 (0)5 61 99 42 42

GRAND HÔTEL CAPOUL
13, place Wilson - Toulouse
Tél. 33 (0)5 61 10 70 70

GRAND HÔTEL JEAN JAURÈS
29, allées Jean Jaurès - Toulouse
Tél. 33 (0)5 34 41 31 21

HÔTEL ATHÉNÉE
13 bis, rue Matabiau - Toulouse
Tél. 33 (0)5 61 63 10 63

HÔTEL DES BEAUX ARTS
1, place du Pont Neuf - Toulouse
Tél. 33 (0)5 34 45 42 42

HÔTEL DE BRIENNE
20, bd Maréchal Leclerc - Toulouse
Tél. 33 (0)5 61 23 60 60

HÔTEL L'HOTAN
80, route d'Espagne - Portet-sur-Garonne
Tél. 33 (0)5 62 20 06 06

HÔTEL LATITUDES MAEVA
route de Grenade - Seilh
Tél. 33 (0)5 62 13 14 15

HÔTEL MERCURE ATRIA
8, esplanade Compans - Toulouse
Tél. 33 (0)5 61 11 09 99

HÔTEL MERCURE ST GEORGES
rue Saint Jérôme - Toulouse
Tél. 33 (0)5 61 23 11 77

HÔTEL MERMOZ
50, rue Matabiau - Toulouse
Tél. 33 (0)5 61 63 04 04

HÔTEL NOVOTEL AÉROPORT
23, impasse Maubec - Toulouse
Tél. 33 (0)5 61 15 00 00

HÔTEL NOVOTELCENTRE
5, place Alphonse Jourdain - Toulouse
Tél. 33 (0)5 61 21 74 74

HÔTEL VICTORIA
76, rue Bayard - Toulouse
Tél. 33 (0)5 6162 50 90

RESIDENCE PARTHÉNON
76, rue Bayard - Toulouse
Tél. 33 (0)5 61 10 24 00

2 **

IBIS AÉROPORT
80, av du Parc - Blagnac
Tél. 33 (0)5 6130 01 00

IBIS CENTRE
2, rue Claire Pauilhac - Toulouse
Tél. 33 (0)5 61 63 61 63

IBIS UNIVERSITÉ
rue Jacques Babinet - Toulouse
Tél. 33 (0)5 61 40 86 86

ALTHO Charme et Tradition de l'Hôtellerie Française
26 hôteliers indépendant du 1* au 4****
26 independents hotels 1- to 4-star hotels
26 hosteleros independientes 1 a 4 estrellas
Tél. 33 (0)5 05 61 62 74 74

Salons, Congrès Expo-congrès

PROMOTOULOUSE MIDI-PYRÉNÉES
Bureau des Congrès
square du Général de Gaulle
31000 TOULOUSE
Tél. 33 (0)5 61 21 92 32

LIEUX CONGRES - SALONS
CONGRESS EXIBITIONS EVENTS

PARC DES EXPOSITIONS
TOULOUSE
+ 4 000 PLACES
Tél. 33 (0)5 62 25 45 45
Fax 33 (0)5 62 25 45 00

CENTRE DE CONGRÈS
PIERRE BAUDIS
TOULOUSE
+ 2 000 PLACES
Tél. 33 (0)5 62 30 40 40
Fax 33 (0)5 62 30 41 41

COMTÉ DE TOULOUSE
TOULOUSE
+ 600 PLACES
Tél. 33 (0)5 62 75 88 88
Fax 33 (0)5 61 37 03 58

DIAGORA CENTRE DE CONGRÈS
TOULOUSE LABÈGE
+ 500 PLACES
Tél. 33 (0)5 61 39 93 39
Fax 33 (0)5 61 39 79 80

METEO FRANCE
TOULOUSE
+ 300 PLACES
Tél. 33 (0)5 61 07 80 51
Fax 33 (0)5 61 07 80 59

CENTRE POUR L'UNESCO
TOULOUSE
Tél. 33 (0)5 62 13 62 13
Fax 33 (0)5 62 13 62 14

SALLES DE RECEPTIONS
VENUES

CITE DE L'ESPACE
Tél. 33 (0)5 62 71 64 80
Fax 33 (0)5 61 80 74 70

CHATEAU DE FOURQUEVAUX
Tél. 33 (0)5 62 71 71 03
Fax 33 (0)5 61 27 24 39

CHATEAU DE GARREVAQUES
Tél. 33 (0)5 63 75 04 54
Fax 33 (0)5 63 70 26 44

CHATEAU DE LAUNAC
Tél. 33 (0)5 61 85 43 98
Fax 33 (0)5 61 85 43 93

HÔTEL D'ASSEZAT
FONDATION BEMBERG
Tél. 33 (0)5 62 75 88 88
Fax 33 (0)5 61 37 03 58

LA FEUILLERAIE
Tél. 33 (0)5 62 75 88 88
Fax 33 (0)5 61 37 03 58

AGENCES
PROFESSIONAL CONGRESS ORGANIZER

EUROPA ORGANISATION
Tél. 33 (0)5 34 45 26 45
Fax 33 (0)5 34 45 26 46

AMPLITUDES
Tél. 33 (0)5 62 30 17 77
Fax 33 (0)5 62 30 17 78

CTA HAVAS DIFFUSION
Tél. 33 (0)5 61 71 55 71
Fax 33 (0)5 61 71 44 37

CTT
Tél. 33 (0)5 61 52 47 85
Fax 33 (0)5 61 25 42 56

FRAM
Tél. 33 (0)5 62 15 18 81
Fax 33 (0)5 62 15 18 76

OFFICE DE TOURISME D'ALBI
Tél. 33 (0)5 63 49 48 80
Fax 33 (0)5 63 49 48 98

MBF
Tél. 33 (0)5 65 77 22 00
Fax 33 (0)5 65 77 22 01

PRIVILÈGES ORGANISATION
Tél. 33 (0)5 61 20 56 09
Fax 33 (0)5 61 20 72 74

VOYAGES 31
Tél. 33 (0)5 62 72 97 31
Fax 33 (0)5 62 72 97 30

La réalisation de cet ouvrage a pu être menée à bien grâce à leur aimable collaboration :
Comité régional du tourisme de Midi-Pyrénées,
Comités départementaux du tourisme :
CDT Ariège, CDT Aveyron,
CDT Haute-Garonne, CDT Gers,
CDT Lot, CDT Hautes-Pyrénées,
CDT Tarn, CDT Tarn-et-Garonne.
Diagora,
Mairie de Toulouse :
service communication, service développement économique, FAUST,
Chambre de commerce et d'industrie de Toulouse,
Bureau national interprofessionnel de l'Armagnac, Société anonyme des caves et producteurs réunis de Roquefort, Cité de l'espace, le Parc pyrénéen de l'art préhistorique, le Centre pour l'UNESCO.
Nous les en remercions tous chaleureusement.

Nous tenons à remercier encore tous nos partenaires pour la confiance qu'ils nous ont accordés,
AEROPORT INTERNATIONAL DE TOULOUSE, AEROSPATIALE, BEST WESTERN FRANCE, CAISSE D'ÉPARGNE, CENTRE DE CONGRÈS PIERRE BAUDIS, CHATEAU BELLEVUE LA FORET, CHATEAU CAHUZAC, CITÉ DE L'ESPACE, COMITÉ DÉPARTEMENTAL DE TOURISME DE LA HAUTE-GARONNE, COMITÉ RÉGIONAL DU TOURISME DE MIDI-PYRÉNÉES COMTE DE NEGRET, CREDIT LYONNAIS, CROWNE PLAZA, ECOLE SUPERIEURE DE COMMERCE DE TOULOUSE, ESCAPADES, FONDATION BEMBERG, GRAND HÔTEL JEAN-JAURÈS, HÔTEL DE BRIENNE, IBIS, IMPRIMERIE FOURNIÉ, L'ABERDEEN , L'AUTAN-TIC, L'HOTAN, LE JAPAN, LOU GREL, MAEVA LATITUDES SEILH, MAIRIE DE TOULOUSE, MERCURE ATRIA, MÉTÉO FRANCE, NOVOTEL AEROPORT, NOVOTEL CENTRE, PARC DES EXPOSITIONS DE TOULOUSE, RÉSIDENCE PARTHÉNON, SFORMAN/SALON DES ANTIQUAIRES DE TOULOUSE, SOCIETE DES VINS ARBEAU, SOFITEL CENTRE, SPANGHERO LOCATION VOITURES, TAXIWAY.

10 esplanade Compans Caffarelli - 31000 Toulouse
tél 33 (0)5 61 23 86 18 - fax 33 (0)5 61 23 85 36

Direction de publication
Comité de rédaction
Service commercial et financier
Sandrine Banessy
Jean-Jacques Germain

Régie publicitaire
Toulouse Mode d'Emploi

Conception - réalisation
Toulouse Mode d'Emploi

Cartographie
Toutes les cartes de cet ouvrage sont
© éditions Toulouse Mode d'emploi

Photos
Toutes les photos de cet ouvrage sont
© éditions TME/ J.-J. Germain
sauf mentions particulières

Textes
Tous les textes de cet ouvrage sont
© éditions TME / Sandrine Banessy
sauf mentions particulières
avec l'aimable participation de Chantal Tacheff, Mireille Dufor et Hubert Banessy
pour la relecture.

Traductions
Anglais :
Tony Hill Smith, Anglomedia
Gerald Traynor
SDE Mairie de Toulouse
Espagnol :
Judith Molinero Carreño

Photogravure
Toulouse Mode d'emploi
Flashage : Nuances du Sud

Dépôt légal : **n° 3014**

Achevé d'imprimer en septembre 99 sur les presses de Fournié Imprimeur à Toulouse Fonsegrives

Flags of the American Rev

Designed by Jan Patek
Size: 76" x 76"

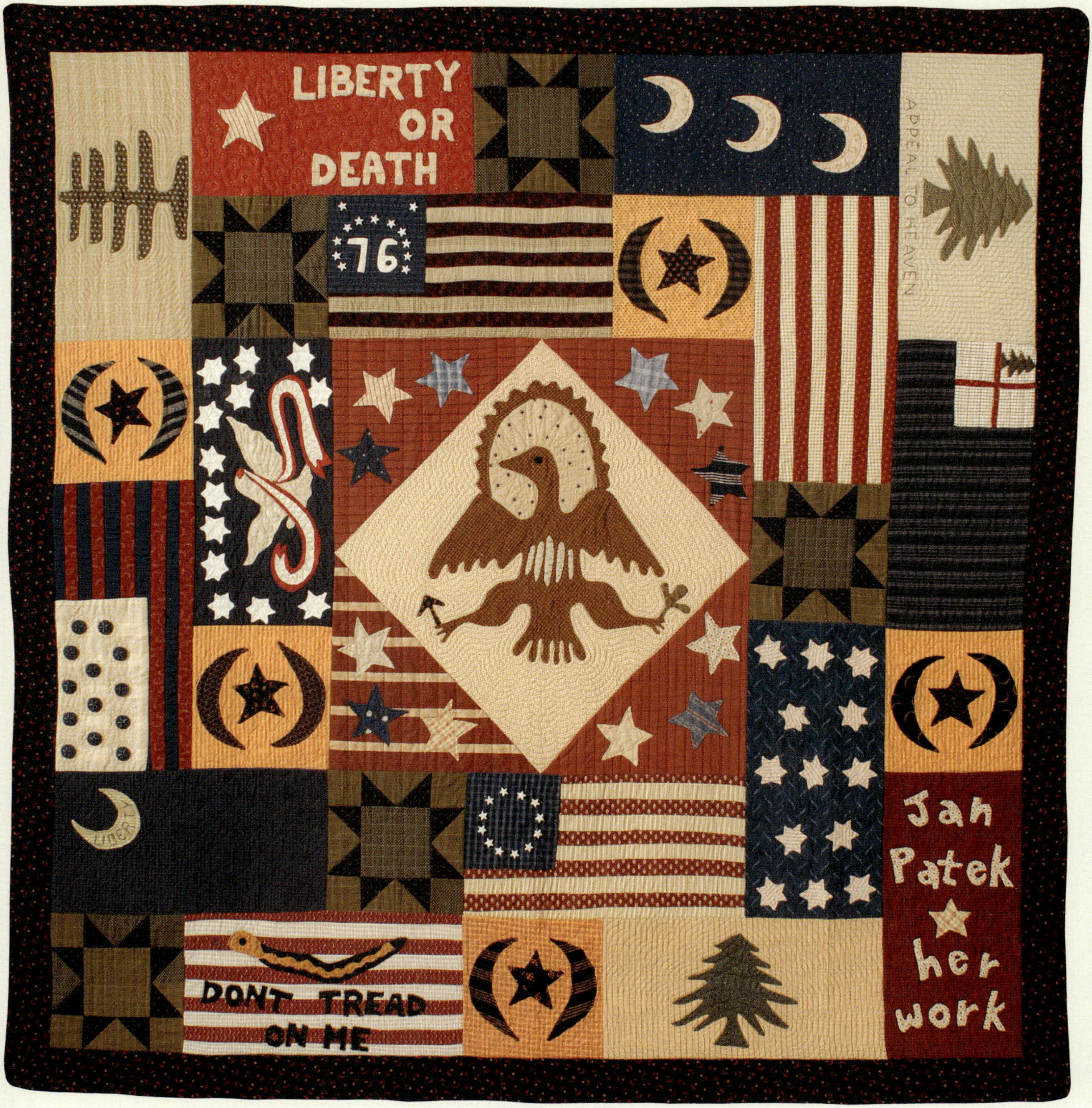

Editor: Edie McGinnis
Technical Editor: Jeri Brice
Designer: Bob Deck
Photography: Aaron T. Leimkuehler
Illustration: Jan Patek
Production assistant: Jo Ann Groves

Published by:
Kansas City Star Books
1729 Grand Blvd.
Kansas City, Missouri, USA 64108

First edition, first printing
ISBN 978-1-935362-23-4

Library of Congress Control Number: 2009932402

Printed in the United States of America by Walsworth Publishing Co., Marceline, MO

To order copies, call StarInfo at (816) 234-4636 and say "Books."

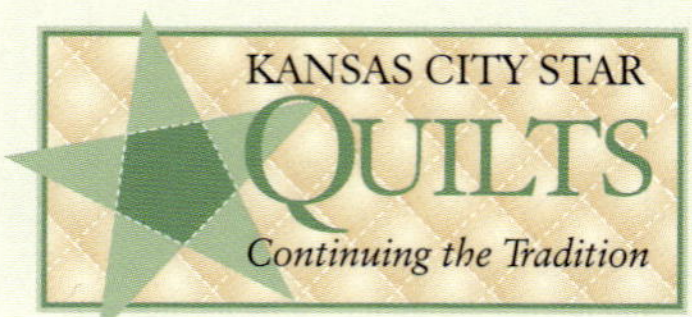

About the Author

Jan Patek of Jan Patek Quilts began quilting 28 years ago when she quit working to be a stay-at-home mom. With her high energy level and bottomless pit of ideas, she was afraid she would be bored. Dozens of books and patterns later, boredom hasn't been a problem.

Jan began making art quilts to express her creative spirit. She then began to publish patterns to help pay for her fabric fetish. Her first "Snowbound" quilt evolved from a combination of patterns and designs one year when her children requested a Christmas quilt. Her patterns, books and fabric have been big sellers ever since.

Jan Patek and Linda Brannock began designing fabric for United Notions in 1992. They have an extensive line of brushed homespuns and prints under the Moda label. The prints come in a large range of sizes and patterns. The brushed cotton homespuns add texture and coordinate with the prints nicely.

Jan's love of family and the creative process have combined to influence her art. Each of her quilts make a statement to which we can all relate. Her "Angel" quilt represents the need for guardian angels. Other work represents the strong bond of family and friends. The quilts are a story of her life, her experiences, and her soul.

Acknowledgements

Thanks to Helen Williams and Barbara Dunaway for all the great appliqué work they've done for me over the years. And thanks to Lori Kukuk for working her quilting magic on my quilts. Cherie Ralston also did some magic (of the left brain sort) in helping me draft the original quilt as well as additional artwork. I wouldn't have near enough time to design quilts if it weren't for Shannon Jenkins, my webmaster and Tara Parks, my office manager.

Thanks to Aaron Leimkuehler for his great photography and Jo Ann Groves for working her magic on them. (Lots of magic goes on in getting a book off to the printer - thanks people). Thanks to Bob Deck, our page designer and Jeri Brice, our tech editor. And an extra special thanks to my editor, Edie McGinnis and Doug Weaver, head of the KC Star Quilt Books.

Table of Contents

There are few symbols that can make a patriot's heart soar more than one's flag. For Americans, seeing the Stars and Stripes flying and waving in the breeze is a heartwarming experience. We pledge our allegiance to this symbol of our freedoms, freedoms that have endured through hundreds of years. We sing of our pride of our country with our faces turned toward our flag and our hand held over our hearts.

America is a proud country with its hopes and dreams represented in red, white and blue. We have expectations. We expect our rights to be upheld by our government. We have the right to select those people we believe will have our best interests at heart. It is a right that should be cherished by all.

Our rights have not come cheaply. The United States Navy, the Marines, the Army, the Air Force, the Coast Guard have all fought under the red, white and blue banner we hold dear. Soldiers have given their lives to protect their fellow citizens and the rights set forth in our constitution. Old Glory has waved not only in our country but on foreign shores as American soldiers joined against aggression in other countries. There are few things as poignant as a soldier's casket draped with the flag and the subsequent ceremonies that accompany such a sad event.

Our history is rich with stories of flags that have flown over our country. From the time the pilgrims first set foot on Plymouth Rock, there has been a banner waving from one flagstaff or another. Flags have been used to rally troops, to show rebellion and register protests.

In the following pages, you will find a brief history of some of the flags of the early years of our country. Most are tied to the American Revolution while others represent different branches of the service. As both Jan's father and father-in-law were career Army and career Navy (Major Glover Wilson Laird and Lt. Commander Byron H. Patek), flags have always been important to Jan and her husband, Pep.

Jan said, "One of my earliest memories was being on base with my father when the evening flag was lowered. Everything stopped - even the cars - and my father and all the men and women in uniform got out, stood at attention and saluted until the flag was down and folded for the night."

All of the flag blocks in these quilts are Jan Patek's quilt interpretations and are not meant to be necessarily accurate depictions of the flags. We hope you will enjoy learning a bit more about these flags and making this stunning primitive quilt.

– Edie McGinnis

General Instructions

TERMINOLOGY:
You need to add seam allowance to all pattern pieces and appliqué shapes unless otherwise noted. When we refer to a "scrap" an eighth yard will be adequate.

(+sa) = add seam allowance

FREEZER PAPER APPLIQUÉ:
Draw on the matte side of the freezer paper or the shiny side if you need the pattern reversed. Draw your templates the exact size without adding seam allowances. Cut out the freezer paper templates. Iron onto the right side of the fabric and cut out the pieces, adding 1/4" seam allowance. If you iron templates onto the wrong side of the fabric, your pattern will be reversed. Mark around the templates with colored pencil or chalk. This line will help you know where to needle turn. I like to use a sandpaper board to help hold the fabric in place while I'm tracing around the shape. Peel off the freezer paper.

Freezer paper appliqué templates are reusable.

Place the shapes on the background. Pin, glue stick or baste the shapes into place on the background

FREEZER PAPER TEMPLATES:
You can also use freezer paper to make templates for piecing. Draw your pattern block on the matte side of the freezer paper. Label all sections of your block. Cut apart and iron the shiny side of the freezer paper to the right side of the fabric, (iron to the wrong side if you need the pattern reversed), allowing enough room to add a 1/4" seam allowance. Use a ruler to add the 1/4" seam allowance to each template. Then either mark the cutting line with a pencil and use scissors or simply cut at the edge of the ruler with a rotary cutter. Freezer paper templates are reusable.

BERRIES: (Or the head of an angel)
Making berries is a cinch if you follow our easy method. Trace the circle the required number of times. Cut the circles out or use Avery dots. Cut your fabric circle 1/4" larger than your pattern. (You don't need to be real precise.) I keep my patterns and fabric circles in a Ziploc bag so I don't lose any. Make a knot in your thread and do a running stitch around the outer edge of fabric. Place the paper pattern inside and pull the thread until the fabric is snugly around the paper berry. Backstitch and cut your thread.

PIECED BLOCKS:
All measurements and cutting instructions for the pieced blocks include seam allowances.

BUTTONS:
Order buttons from Melissa Becker Designs
Website: www.melissabeckerdesigns.com
Email: melissa@melissabeckerdesigns.com
Phone: (850) 653-1380
Please call between 9:00 & 5:00 PM Eastern Standard Time

★★★★ *Flags of the American Revolution Quilt* ★★★★

BLOCK 1 *Eagle*

Inspired by the Seal of the United States and our national bird, the bald eagle, Jan chose this as the center medallion for the quilt. The eagle, an olive branch in one foot and an arrow in the other, represents the United States desire to be at peace but also it's willingness to fight against aggression.

The American bald eagle was chosen as America's national bird after six years of haggling and arguments by political leaders. The fierce bird decorated the Great Seal of the United States in 1782. Acceptance by the public was immediate but the founding fathers waited until 1788 to make it official.

BENJAMIN FRANKLIN

One of the detractors and opponents of the eagle was Benjamin Franklin. In a letter to his daughter he said, "For my own part I wish the Bald Eagle had not been chosen the Representative of our Country. He is a Bird of bad moral Character. He does not get his Living honestly. You may have seen him perched on some dead Tree near the River, where, too lazy to fish for himself, he watches the Labour of the Fishing Hawk; and when that diligent Bird has at length taken a Fish, and is bearing it to his Nest for the Support of his Mate and young Ones, the Bald Eagle pursues him and takes it from him.

"With all this Injustice, he is never in good Case but like those among Men who live by Sharping & Robbing he is generally poor and often very lousy. Besides he is a rank Coward: The little King Bird not bigger than a Sparrow attacks him boldly and drives him out of the District. He is therefore by no means a proper Emblem for the brave and honest Cincinnati of America who have driven all the King birds from our Country....

"I am on this account not displeased that the Figure is not known as a Bald Eagle, but looks more like a Turkey. For the Truth the Turkey is in Comparison a much more respectable Bird, and withal a true original Native of America... He is besides, though a little vain & silly, a Bird of Courage, and would not hesitate to attack a Grenadier of the British Guards who should presume to invade his Farm Yard with a red Coat on."

The bald eagle is in fact not bald at all. The term "bald" at one time meant "white" rather than hairless. Eagles are found throughout the United States but the Bald Eagle is the only eagle that is exclusive to North America. These impressive birds are protected under the National Emblem Act of 1940 as well as the Endangered Species Act.

– Edie McGinnis

REQUIREMENTS:

- ★ ⅔ yard for background
- ★ 1 fat quarter for eagle
- ★ ½ yard of one fabric and 1 fat quarter of another for setting triangles
- ★ Scraps for stars, arrow, olive branch, eagle eye and markings
- ★ 1 fat eighth for inside scalloped eagle top

INSTRUCTIONS:

Cut 1 - 21 ¾" square for the background block. Using the freezer paper appliqué directions in the General Instructions, cut out and appliqué the scalloped top to the inside. Appliqué the eagle markings and the eye to the eagle. Appliqué the scalloped top, eagle, arrow and olive branch to the background. Refer to the photo for placement purposes.

Cut 2 -15 ⅞" squares of one fabric diagonally to make 4 setting triangles. Set aside one triangle.

Cut 1 - 15 ⅞" square of a second fabric diagonally and set aside one triangle. This will give you 4 setting triangles and 2 triangles to set aside for scraps or another project. Cut out and appliqué 3 stars to each setting triangle. Refer to the photo for placement.

Sew the setting triangles to the eagle block to make the center square.

You will find the appliqué patterns on pages 58-61.

BLOCK 2 *Appeal to Heaven*

At the beginning of the Revolutionary War, General George Washington knew he was fighting against one of the most powerful navies in the world. The English Navy had no equal and the few, pitiful ships that made up the Continental Navy knew they needed all the help they could get. The ships sailed under a flag that was part symbol and part prayer. The flag read, "Appeal to Heaven" and was most likely their fervent wish for heavenly protection for the sailors aboard.

Washington commissioned a squadron of six schooners to protect the shores. Known as Washington's Cruisers, the general outfitted them at his own expense and chose the simple pine tree as a symbol of strength. It was a tree that grew in every colony that made up the young nation that was fighting fiercely for its independence.

There is a great deal of controversy about this flag. The shape of the tree varies as does the placement of the letters. Some authorities say the words "Appeal to Heaven" should appear in capital letters centered under the base of the tree. Others have the words, "An Appeal to Heaven" placed at the top of the tree, another version has the tree growing in grass.

– Edie McGinnis

REQUIREMENTS:

- ★ ⅓ yard of tan for background
- ★ Scraps of green for the tree
- ★ Embroidery floss for letters

INSTRUCTIONS:

Cut 1 - 20 ½" x 10 ½" rectangle of tan for the flag.

Cut out and appliqué the tree to the background. Refer to the photo for placement.

Trace the words on tulle with a permanent marker. Place the tulle over the quilt block and, using a quilt marker, retrace the lines. Embroider the words on the block using two strands of cotton floss.

You will find the appliqué pattern on page 63.

BLOCK 3 *Bunker Hill*

Two vantage points overlooked Boston and its harbor. Bunker Hill and Breed's Hill were on the peninsula between the Mystic River and the Charles. Both hills were critical when it came to who might win control over the harbor, the Colonists or the British.

The Colonists, led by General Prescott, were ordered to dig in and fortify Bunker Hill during the night of June 15, 1775. Prescott's men, often unruly, disobedient and drunk, built a 160 x 30 foot earthen structure in one night's time. Rather than selecting Bunker Hill as had been ordered, the Colonists fortified Breed's Hill. No one is quite sure how the wrong hill was selected but several reasons have been put forth.

THE BATTLE OF BUNKER HILL

Some experts say Breed's Hill was the closest to the area where the British ships were positioned, some hypothesize that General Prescott simply chose the wrong hill in the darkness, others suggest that Prescott's map was probably faulty. However it happened, the Battle of Bunker Hill was actually not fought there.

On June 17, 1775, the British sent over 2000 troops to engage the Colonists in battle. As the British pressed forward, the Colonists remained still. They had been ordered not to shoot until they "saw the whites of their (opponents) eyes."

After losing about half of their soldiers and on their third attempt, the British finally took the hill. The Colonists had run out of ammunition and supplies. They escaped back up the peninsula.

While the Colonists may have lost control of the hill, they suffered fewer casualties and felt as though they had actually won. Their confidence in their ability to conquer the British troops had soared with the knowledge they could overcome even with fewer troops and weapons. The idea that the English and the Colonists could reconcile their differences was laid to rest on Breed's Hill along with many of the British officers.

Some historians claim the flag depicting The Battle of Bunker Hill probably is colored incorrectly. They think the error was made by a long-ago publisher who may have hand colored the flag blue instead of red. The flag is shown with a cross made up of red strips with a pine tree in the upper left corner. Take your pick on whether to make the body of the flag red or blue.

–Edie McGinnis

REQUIREMENTS:

- ⅓ yard of blue for background
- Scraps for tree, field and strips

INSTRUCTIONS:

Cut 1 - 20 1/2" x 10 1/2" rectangle of blue and a 6 1/2" square of tan.

Cut 2 - 1 1/4" x 6 1/2" strips of red. Appliqué the strips to the tan field. Refer to the photo for placement.

Cut out and appliqué the small tree to the top left square of the field.

You will find the appliqué pattern on page 64.

BLOCK 4 *The Pine Tree Flag*

The pine tree has long been a symbol of strength for the states that comprise New England. Massachusetts, Maine, New Hampshire, Vermont, Rhode Island and Connecticut all embraced the Pine Tree as being representative of their corner of the world.

Before the Revolution was a consideration for the Colonists, the Penacook tribe of Amerindians roamed parts of New England. The Algonquin word "Penacook" translates to "Children of the Pine Tree." The Penacooks are credited with teaching the Pilgrims, who nearly starved to death in the harsh winter of 1621, how to survive. Even though the forests were filled with wild game and plants, the possibilities of using what was at hand for food were a mystery to people who were unfamiliar with the bounty that actually surrounded them.

The Pine Tree was one of the elements that made up the seal the Massachusetts Bay settlers adopted in 1639 and has appeared on various flags and banners throughout New England history. The tree replaced a corner of the Union Jack when it was used on the corner of the second flag of New England.

This isn't simply a revolutionary flag, but was in use a hundred years before then, as a symbol of New England in general and Massachusetts in particular. Once the Revolutionary War broke out, it was swiftly adopted by the Americans in various forms, and in April of 1776, it became the official Jack of the Massachusetts Navy.

–Edie McGinnis

REQUIREMENTS:

- ⅓ yard of tan for background
- 1 fat quarter for tree

INSTRUCTIONS:

Cut 1 - 20 ½" x 10 ½" for the background.

Cut out and appliqué the tree to the background. Refer to the photo for placement purposes.

You will find the appliqué pattern on page 65.

BLOCK 5 *Guilford Courthouse Flag*

The battle of Guilford Courthouse was a major turning point for a young nation battling for independence. The British had determined that a Southern campaign might be successful. If they could begin in Georgia and overrun every colony northward, the Loyalists felt as though very few soldiers would be necessary to restore the rebels to the crown.

The British successfully took Georgia then moved on to South Carolina in 1779. They failed to capture the key city of Charleston and without that stronghold in their grasp, they were forced to retreat.

BENJAMIN LINCOLN

Loyalist Sir Henry Clinton later returned and laid siege to Charleston with over 8,000 men under his command. It wasn't long before the patriots, led by General Benjamin Lincoln, surrendered the city.

After two years of battles, British General George Cornwallis was left in command after military posts had been established throughout Georgia and South Carolina. Guerrilla raids led by such notable patriots as Thomas Sumter and Andrew Pickens harassed the posts and supply depots relentlessly.

The patriots, led by Major-General Nathanael Greene, barely had enough men to fight a pitched battle. Green had held off for as long as possible before engaging Cornwallis and his troops. It was vital to Greene to reinforce and rearm his men so he led the British Army a merry chase until he accomplished his goal.

The two armies engaged in battle at Guilford Courthouse. The day was won by the British but at a heavy price. Cornwallis had lost key officers as well as nearly one-third of his men and Greene had put an end to the British advance. Within seven months after this disastrous battle, the colonies achieved their independence.

The flag or standard was used by the Patriots and is an example of the lack of uniformity in American flags used during the revolution. Notice the white stripes have been replaced by blue and the canton is elongated.

–Edie McGinnis

REQUIREMENTS:

- ★ 1 fat eighth each of red, tan and blue for the Guilford Courthouse flag
- ★ Buttons or "buckles" for stars

INSTRUCTIONS:

Cut 5 - 1 ⅝" red strips and 5 - 1 ⅝" blue strips for the background.

Sew the strips together alternating the red and blue fabric. (Tip: The fabric will lay flatter if you switch ends each time you start sewing strips together.)

Press with the seams going in one direction.

Cut 1 - 20 ½" x 10 ½" rectangle from the red and blue strips for the background

Cut 1 - 12 ½" x 7 ½" rectangle of tan for field and appliqué to the stripes.

Sew 13 star buttons or buckles to the tan field. Refer to the photo for placement.

BLOCK 6 *Sons of Liberty*

On March 22, 1765, the British Parliament passed the Stamp Act. The tax required the colonists to pay a tax on every piece of paper used. This included everything from ship's documents, newspapers, even playing cards. The money raised was to be used to defray the cost of protecting the American frontier.

The amount of money the British were to collect didn't amount to a great deal but principles were at stake. The colonists had never before been taxed just to raise money. Instead, taxes had been used to regulate trade. The colonists saw this as troublesome since it had been levied without the approval of the Colonials. Nothing good could come of this if it were allowed to go unchallenged and the door would then be open for even more burdensome taxes in the future.

SAMUEL ADAMS

The secret society of the Sons of Liberty, led by Samuel Adams, gathered together in protest of the taxation. He and Patrick Henry both felt the need for independence. Grumbling and complaining were accomplishing little as far as Patrick Henry was concerned. He drafted a series of resolves that were passed by the Virginia House of Burgesses. Among the resolves were that the Crown had no right to tax the Colonists without representation.

This banner became known as the "Rebellious Stripes" and represented the early colonists who had joined to protest British impositions on America's economic freedom. The Stamp Act was repealed on March 18, 1766, but the Colonists were on the defensive as each new edict rained down. The Sons of Liberty would rally under the Liberty Tree when the time came to declare their intent to be free men.

–Edie McGinnis

REQUIREMENTS:

- ★ 1 fat eighth each of tan and red

INSTRUCTIONS:

Cut 5 - 1 ⅝" red strips and 5 - 1 ⅝" tan strips.

Sew the strips together alternating the red and tan fabrics. (Tip: The fabric will lay flatter if you switch ends each time you start sewing strips together.)

Press with the seams going in one direction.

Cut 1 - 20 1/2" x 10 1/2" rectangle from the red and tan strips.

BLOCK 7 *Washington's Personal Standard*

The Second Continental Congress elected George Washington as Commander in Chief of the Armies of the United States in 1776. Washington had already distinguished himself as a capable commander during the French and Indian War. In 1755, Washington left the battlefield unscathed even though two horses were shot out from under him and four bullets tore holes in his coat.

GEORGE WASHINGTON

Washington, a delegate from Virginia to the Second Continental Congress, felt the British merchants were exploiting the Colonial planters. The restrictions placed upon the colonists were burdensome and as the situation grew tense, Washington voiced his objections.

July 3, 1775, Washington took command of his ragtag army. The men were poorly trained and ill-equipped. None had any idea the fight for independence would last for six long years.

Washington had a love of stars. His personal standard was made up of white six-pointed stars made of silk that had been appliquéd to a blue canton. The original flag is in the keeping of the Valley Forge Historical Society and measures 27 ½" by 35 ½".

–Edie McGinnis

REQUIREMENTS:

- ⅓ yard of blue for background
- 1 fat eighth of tan for stars

INSTRUCTIONS:

Cut 1 - 20 ½" x 10 ½" of blue for the background.

Cut out and appliqué 13 six-pointed stars to the background. Refer to the photo for placement.

You will find the appliqué pattern on page 66.

BLOCK 8 *Pine Tree*

This version of the pine tree flag is the jack form of the Bunker Hill flag and was hoisted onto the jackstaffs of the ships that comprised the Massachusetts Navy in April of 1776.

The design is the same as the Appeal to Heaven flag flown by Washington's Cruisers but lacks the motto. So many flags of that time were inconsistent and were actually a choice of the regiment, unit or branch of the service that used them.

As you can see when you look at the quilt, the pine tree with its towering strength and lofty branches, had to have held a place dear to the hearts of the patriots. It was used as a symbol on at least five historical flags of the American Revolution.

One must remember in the era before the revolution took place, large trees in the 13 colonies had special meaning. Each of the colonies chose its own tree for its meeting place. The Colonists would meet in secret under their chosen "Liberty Tree" and plan for the rebellion that was to come.

THE LIBERTY TREE

In Boston the tree of choice was an enormous elm. Found hanging from the tree one August morning in 1765, were two effigies strung up to protest the hated Stamp Act. As much as the Colonists held their Liberty Trees dear, the British abhorred the sight of them. Knowing the symbolism the tree held for the Colonists, in 1775 the British cut down the mighty elm.

While they may have rid the common of the tree, they did nothing but stoke the burning desire for freedom for the Colonists.

–Edie McGinnis

REQUIREMENTS:

- ★ ⅓ yard of tan for background of Pine Tree
- ★ Scrap of green for tree

INSTRUCTIONS:

Cut 1 - 20 ½" x 10 ½" rectangle of tan for the background.

Cut out and appliqué the tree to the background fabric. Refer to the photo for placement.

You will find the appliqué pattern on page 63.

BLOCK 9 *U.S. Navy Jack*

Lying at harbor in the mouth of the Delaware River, the first ships of the Continental Navy were being readied for duty. Esek Hopkins, the Commodore, had issued fleet signals. He directed his vessels to fly a striped Jack that would have 13 red and white alternating stripes. A rattlesnake and the words, "Don't Tread on Me" were to be superimposed over the stripes.

ESEK HOPKINS

The rattlesnake was a symbol of resistance to the British. The Colonists had no use for the onerous edicts that had been passed by the Crown. The rattlesnake was a perfect symbol for the Patriots who were determined to have a hand in ruling themselves.

Although no one can be sure of the exact date that the Union Jack began to be flown, one can see it flying bravely in a 1785 engraving of the frigate the USS Philadelphia.

The Secretary of the Navy ordered the use of the rattlesnake jack in 2002 during the Global War on Terrorism.

–Edie McGinnis

REQUIREMENTS:

- ★ 1 fat eighth each of tan and red for background
- ★ Scraps for snake and eye
- ★ 1 fat eighth for snake markings and letters
- ★ Embroidery floss for snake tongue

INSTRUCTIONS:

Cut 5 - 1 ⅝" red strips and 5 - 1 ⅝" tan strips for the background of the Navy Jack.

Sew the strips together alternating red and tan fabrics. (Tip: The fabric will lay flatter if you switch ends each time you start sewing strips together.)

Press with the seams going in one direction.

Cut 1 - 20 ½" x 10 ½" background block from red and tan strips.

Cut out and appliqué the snake markings and eye to the snake body. Appliqué the snake and the words to the background. Refer to the photo for placement purposes.

Trace the snake's tongue on tulle with a permanent marker. Place the tulle over the quilt block and, using a quilt marker, retrace the lines. Embroider the tongue on the block using two strands of cotton floss.

You will find the appliqué patterns on pages 66 and 67.

BLOCK 10 *Liberty or Death*

This block represents the patches worn on the clothing of the Minute Men of Culpeper, Virginia. Wearing hunting shirts as a part of their uniform, the men were supposed to be ready to fight at a minute's notice, hence the name.

Each of the men's shirts had a patch on the breast that read "Liberty or Death" echoing the motto on the Culpeper flag. The flag had a coiled rattlesnake with 13 rattles in the center and underneath the snake were the words, "Don't Tread on Me."

Legend has it that one of the Patriots thought the Liberty or Death motto was a bit too harsh but he would readily agree to enlist if they would change the patch to read, "Liberty or Be Crippled."

The Minute Men were a part of the first battle of the Revolution held in Virginia. Barely had the companies of Minute Men become a reality when they were quickly absorbed into the regiments that made up the Continental Line. By 1776, the Minute Men had become part of the militia.

The flag with a star on the red canton with the words "Liberty or Death" didn't become a reality until Thomas Jefferson Morgan used it as his banner to rally his men during the Texas Revolution in 1836. No doubt he borrowed the motto from the Culpeper Minute Men. Seems the sentiment was still just as valid almost 50 years later.

–Edie McGinnis

REQUIREMENTS:

- ★ ⅓ yard of red for background
- ★ 1 fat eighth for letters
- ★ Scrap for the star

INSTRUCTIONS:

Cut 1 - 20 ½" x 10 ½" rectangle of red for "Liberty or Death" flag.

Cut out and appliqué the star and letters. Refer to the photo for placement.

You will find the appliqué patterns on pages 68 and 69.

BLOCK 11 *Bennington Flag*

After hatching a plot with Lord George Germain, British Secretary of State for the Colonies, Lt. General John Burgoyne marched south from Canada. His grand plan called for General Howe to march his army up the Hudson River from New York as Burgoyne and his men went south from Montreal. The objective was to split the Colonies in half when Burgoyne met up with Howe at Albany. British control of the Hudson River would make it easy to supply British troops while hampering the supply lines of the Patriots.

THE BATTLE OF BENNINGTON

Burgoyne's plan began as a resounding success as he captured Fort Ticonderoga, Fort Edward and Fort George. Then his supplies began to run out. His supply depot had been left so far behind that it was virtually useless. Burgoyne, acting on a tip from a Tory officer, interrupted his campaign and decided to attack Bennington, Vermont.

According to the officer, the small village of Bennington was thought to have many horses, herds of cattle and stores of foodstuffs. Not only that, it was supposedly lightly guarded by a few militia men.

What Burgoyne didn't know was that a local hero named John Stark would be ready and waiting for him. And instead of having to defeat about 400 militiamen, he would have thousands to meet on the battlefield.

Stark and his soldiers ambushed the British forces and so weakened their ranks that mid-August day in 1777 that Burgoyne was forced to surrender three months later after a humiliating defeat at the Battle of Saratoga.

This flag flew over the military stores in Bennington, Vermont. It is the only flag where red and white stripes alternate that is supposed to begin with a white stripe. Jan didn't notice the difference when she made her block so you might want to change that for the sake of accuracy.

–Edie McGinnis

REQUIREMENTS:

- ★ 1 fat eighth each of red and tan for flag
- ★ Scraps for blue field and numbers
- ★ Star buttons

INSTRUCTIONS:

Cut 5 - 1 ⅝" red strips and 5 - 1 ⅝" tan strips for the background.

Sew the strips together alternating the red and tan fabrics. (Tip: The fabric will lay flatter if you switch ends each time you start sewing strips together.)

Press all the seams going in one direction.

Cut 1 - 20 ½" x 10 ½" background block from red and tan strips.

Cut 1 - 7 ½" square of blue for field and appliqué to the upper left corner of the stripes.

Cut out and appliqué the numbers in place then add the star buttons to the field. Refer to the photo for placement purposes.

You will find the appliqué pattern on page 69.

BLOCK 12 *Fort Moultrie (Liberty Moon)*

After rising to prominence as a captain in the militia in 1761, William Moultrie was second in command of Charleston, South Carolina's defenses. Moultrie was put in charge of building a fort on Sullivan Island. With no stone available for construction, Moultrie used palmetto logs to construct two walls that were 16 feet apart. He filled the space between the walls with sand.

WILLIAM MOULTRIE

British ships were seen preparing for battle before the fort was finished. After Major General Charles Lee inspected the unfinished fort, he decided it was too risky to defend and thought it should be abandoned. He was sure the walls would splinter and fall quickly.

Lee was overruled by Governor John Rutledge. He was bolstered by Moultrie's confidence that the walls could withstand any attack.

Commodore Sir Peter Parker began his bombardment of Fort Sullivan in the late morning hours of June 28, 1776. Three of Parker's ships got stuck on a shoal as they tried to move into the harbor. Moultrie stayed steady and returned fire.

Over nine hours later the defeated British ships slipped away. Moultrie's fort had kept Charleston safe for the time being. Those spongy palmetto logs had saved the day and absorbed much of the shock of the cannons.

The flag was shot down during the barrage of gunfire. Sergeant William Jasper risked life and limb to retrieve the colors and raise them to once again fly over the fort. Moultrie's blue flag with the white crescent in the corner eventually became the first state flag of South Carolina. The only change that was made to it was the addition of a palmetto tree.

–Edie McGinnis

REQUIREMENTS:

- ⅓ yard of blue for background
- Scraps for moon
- Embroidery floss for letters

INSTRUCTIONS:

Cut 1 - 20 1/2" x 10 1/2" background block of blue for the flag.

Cut out and appliqué the moon to the background. Refer to the photo for placement.

Trace the letters on tulle with a permanent marker. Place the tulle over the quilt block and, using a quilt marker, retrace the lines. Embroider the letters on the moon using two strands of cotton floss.

You will find the appliqué pattern on page 70.

BLOCK 13 *First Stars and Stripes*

The first shots of the Revolutionary War had been fired a little over a year earlier when a committee made up of three men, George Washington, Robert Morris and George Ross, called on Betsy Ross at her home. Their intent was to commission Ross to make the first flag.

She owned an upholstery shop and went to the same church as George Washington and had done some stitching for him on other occasions. She was acquainted with Colonel George Ross since he was an uncle of her late husband, John.

Some experts argue about her role in making the flag. One of the arguments they use is Washington's well-documented preference for six-pointed stars as opposed to five-pointed stars. The story goes that Washington showed Ross a design that used six-pointed stars saying that he thought it was too difficult to make stars with five points. Whereupon Betsy picked up a pair of scissors and showed Washington how she could cut a perfect five-pointed star using a single cut. With that feat, Betsy had won the commission to make the first flag.

The flag was adopted June 14, 1777. The Continental Congress resolved, "That the flag of the United States be thirteen stripes alternating red and white; that the Union be thirteen stars, white in a blue field, representing a new constellation".

–Edie McGinnis

REQUIREMENTS:

- ★ 1 fat eighth each of red and tan for the stripes
- ★ Scraps for the field
- ★ 13 star buttons

INSTRUCTIONS:

Cut 5 - 1 ⅝" red strips and 5 - 1 ⅝" tan strips for the background.

Sew strips together alternating the red and tan fabrics. (Tip: The fabric will lay flatter if you switch ends each time you start sewing strips together.) Press with all the seams going in one direction.

Cut 1 - 20 ½" x 10 ½" background block from the red and tan strips.

Cut 1 - 7 ½" square of blue for the field and appliqué it to the stripes.

Sew 13 star buttons in a circle. Refer to the photo for placement.

BLOCK 14 *3 Crescents of South Carolina*

THE STAMP RIOTS IN NEW YORK.

People living in the Colony of Massachusetts certainly were not the only ones upset by the hated Stamp Act. Many of the citizens of the young nation struggled with the overbearing edicts of the crown. Taxation without representation was anathema to the rebellious nature of the Patriots (or rebels) of the time.

KING GEORGE III

Protestors of the Stamp Act from South Carolina raised a banner bearing three crescents on a field of blue. This was ten years before Moultrie was asked to design a banner to be used by South Carolina troops.

History tells of Moultrie choosing the color blue to reflect the color of the uniforms worn by his men. The soldiers of South Carolina wore caps that had a crescent on them as well.

–Edie McGinnis

REQUIREMENTS:

- ★ ⅓ yard of blue for background
- ★ Scraps for crescent moons

INSTRUCTIONS:

Cut 1 - 20 ½" x 10 ½" background block of blue for the flag.

Appliqué the 3 crescent moons to the background.

You will find the appliqué pattern on page 71.

BLOCK 15 *Whiskey Rebellion*

A young nation was finally on its own. With President George Washington at the helm, decisions had to be made. One of the most troublesome issues facing the newly formed government was a heavy debt. As part of the compromises that led to the passage of the Constitution of the United States, the federal government had agreed to assume the debts incurred by the States during the war.

Early in 1791 Congress used its newfound authority to levy the first internal revenue tax upon its citizens. The tax was directed at anyone who made whiskey or other spirits. There was a wide variance in what a farmer who produced a small amount might pay as opposed to the tax a commercial distillery might pay. The little guy was likely to pay as much as 18 per cent more.

The tax was truly a burden on the farmers who lived on the frontier. They had no way to get their grain to market and seldom had hard cash on hand. Most farmers on the frontier used the bartering system so they felt as though having their "currency" taxed was unjust.

While many of the small distillers simply ignored the tax, others protested and protested violently. The task of tax collector was not an easy one. With the job came the hazard of having your home burned to the ground or being tarred and feathered. As time went on the violence worsened until President Washington could ignore it no longer.

The president issued a proclamation on August 7, 1792, calling on all the rebels to disperse and go home. By September, 13,000 militiamen were gathered in Pennsylvania and were prepared to end the rebellion with George Washington riding at the front. In late October the rebellion was over and the Federal Government had firmly established itself as being in charge.

–Edie McGinnis

REQUIREMENTS:

- ★ ⅓ yard of blue for the background
- ★ Scraps for bird, beak and sashes
- ★ 1 fat eighth for stars

INSTRUCTIONS:

Cut 1 - 20 ½" x 10 ½" background block of blue for the flag.

Cut out and appliqué the beak to the bird and the tan inner streamers to the red streamers. Refer to the photo for placement and appliqué the bird, streamers and stars to the background.

You will find the appliqué patterns on pages 72 and 73.

BLOCK 16 *Signature Block*

The people of the United States have precious documents; documents that speak of liberty, freedom, rights, powers, government and the people, always the people. American children go all through grade school and high school learning about their heritage. They study about the Declaration of Independence, the Constitution and the Bill of Rights.

THE DECLARATION OF INDEPENDENCE

The preamble to the Constitution is a paragraph many people can still recite. "We the people of the United States, in order to form a more perfect union, establish justice, insure domestic tranquility, provide for the common defense, promote the general welfare, and secure the blessings of liberty to ourselves and our posterity, do ordain and establish this Constitution for the United States of America."

Thomas Jefferson drafted the Declaration of Independence in the month of June of 1776. Jefferson eloquently stated the grievances of the people against the crown. He wrote, "When in the Course of human events it becomes necessary for one people to dissolve the political bands which have connected them with another, and to assume among the powers of the earth, the separate and equal station to which the Laws of Nature and of Nature's God entitle them, a decent respect to the opinions of mankind requires that they should declare the causes which impel them to the separation.

We hold these truths to be self-evident, that all men are created equal, that they are endowed by their Creator with certain unalienable Rights, that among these are Life, Liberty and the pursuit of Happiness." The Continental Congress adopted it on July 4, 1776, and in August of that same year, the delegates began to sign it.

Over two hundred years later the American people still hold those documents and the ideals they represent dear. We still have our hands over our hearts as we pledge our allegiance to our flag. Soldiers still go off to war to defend our freedoms. Our hearts still burst with pride when we see Old Glory waving and we still love our country.

Now it's your turn to do some documenting of your own. Sign your quilt and sign it with pride.

–Edie McGinnis

REQUIREMENTS:

- ⅓ yard for background
- 1 fat eighth for letters
- Scraps for star

INSTRUCTIONS:

Cut 1 - 20 ½" x 10 ½" background block.

Cut out and appliqué the letters and star to the background. You will, of course, use letters for your name of approximately the same size as those given.

You will find the appliqué patterns on page 74.

Star and Moon Setting Blocks

Make 5

REQUIREMENTS:

- ★ ⅔ yard for background
- ★ Scraps for stars and moons

INSTRUCTIONS:

Cut 5 - 10 ½" squares from background fabric.

Using the freezer paper appliqué directions in the General Instructions, cut out and appliqué a star and 2 moons to each background.

You will find the appliqué patterns on pages 75.

Sawtooth Star

REQUIREMENTS:

- ★ ½ yard for A and C pieces
- ★ ¼ yard for B pieces
- ★ ¼ yard for D pieces

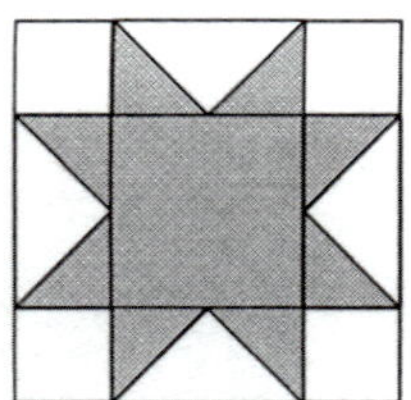

Flags of the American Revolution

SAWTOOTH STAR

Make 5

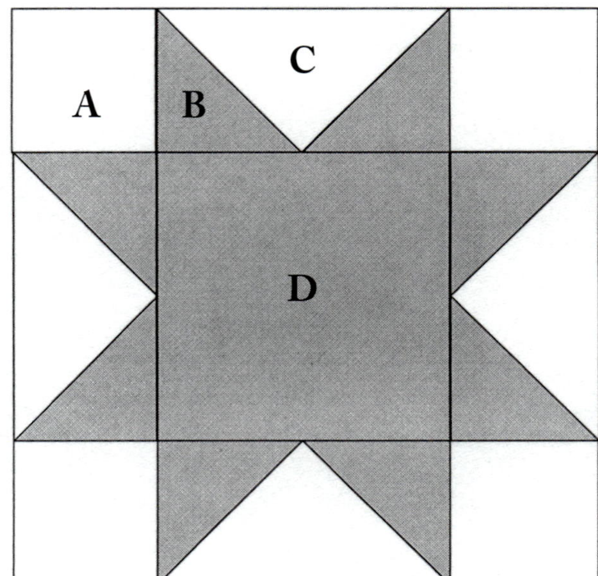

For each block cut:

A. 4 – 3" light squares

B. 4 – 3 ⅜" dark squares, cut in half diagonally

C. 1 light 6 ¼" square, cut twice diagonally.

D. 1 light 5 ½" square

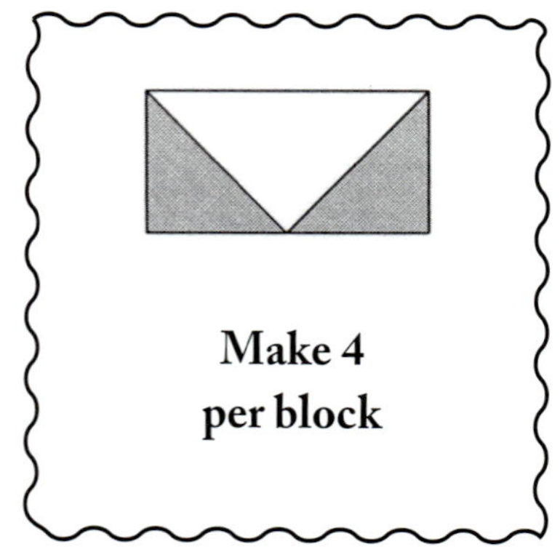

Make 4 per block

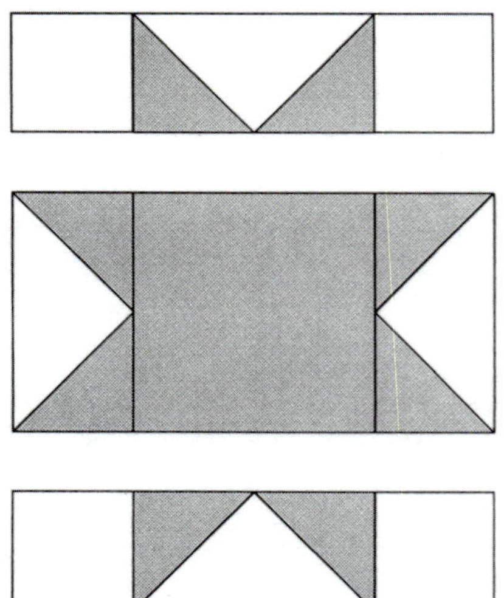

ASSEMBLY AND BORDERS

Size 76" x 76"

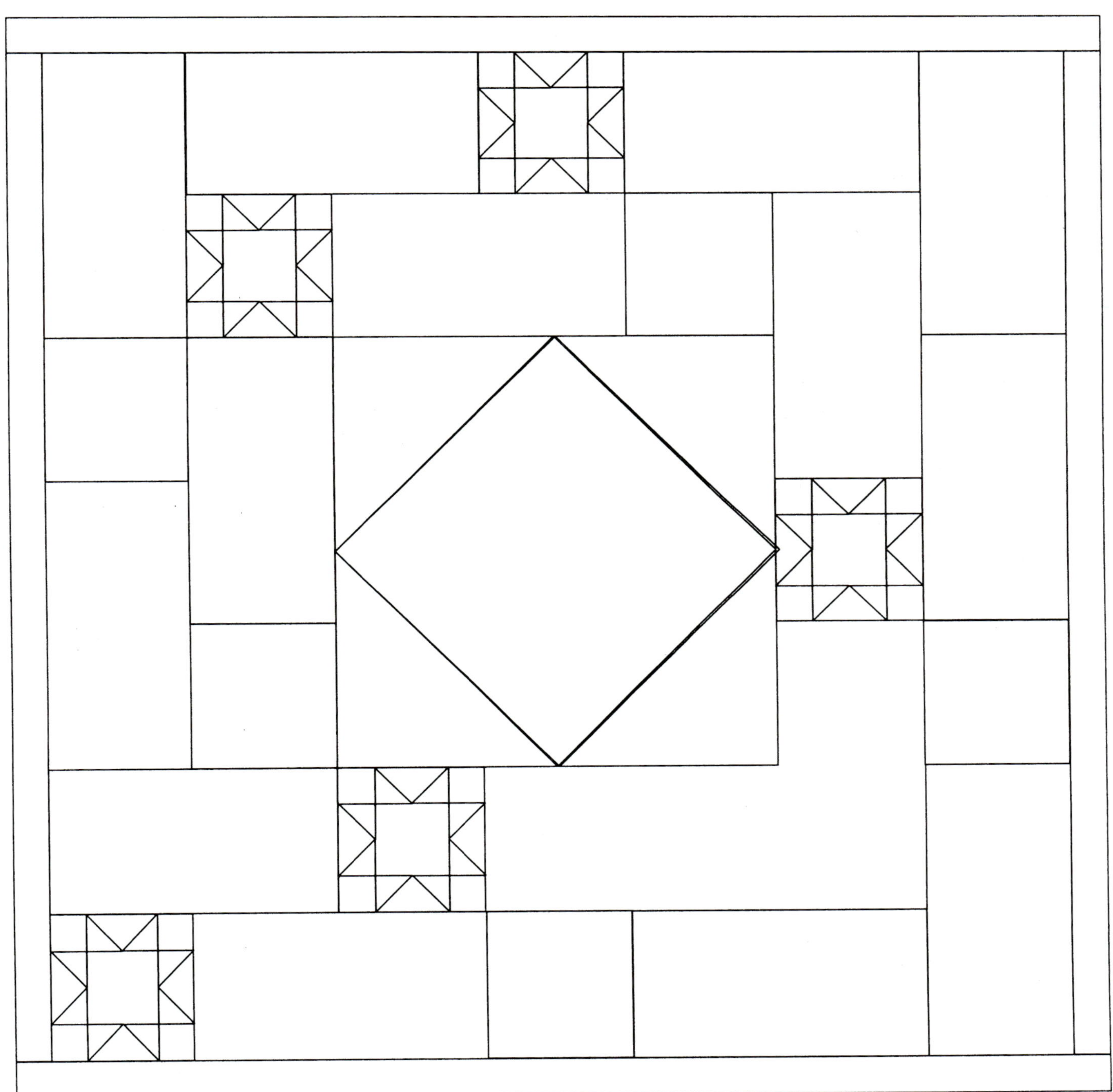

Assemble the blocks referring to this diagram and the photo on page i.

Cut 2 – 70 ½" x 3 ½" borders and sew one to each side of the quilt.

Cut 2 – 76 ½" x 3 ½" borders and sew one to the top and one to the bottom of the quilt.

Research Resources

I found a wealth of information on the internet about the flags Jan used in her quilt. Check out these web sites for more information, keeping in mind that web sites change and sometimes disappear.

– Edie McGinnis

www.theamericanrevolution.org
www.loeser.us/flags/revolution.html
www.libraryautomation.com
www.patriotresource.com
www.americanrevwar.homestead.com
www.virtualology.com
www.ttb.gov
www.newrivernotes.com
www.exploresouthernhistory.com
www.midcoast.com
www.netstate.com
www.revolutionaryday.com
www.historynet.com
www.libertytreefdr.org
www.revolutionarywararchives.org
www.archives.gov
www.nps.gov
www.cmmsar.com
www.britishbattles.com
www.ushistory.org
www.crwflags.com
www.u-s-history.com
www.navyjack.info
www.earlyamerica.com
www.homeofheros.com
www.ezinearticles.com

We especially appreciate the wonderful resource, The National Archives. You can visit them at www.archives.gov and see all the wonderful engravings and portraits they have pertaining to the Revolutionary War.

PROJECTS

Stars and Stripes

Designed by Jan Patek
Size 32" x 38"

REQUIREMENTS:

- ★ 1 fat eighth each of 3 lights for the flag backgrounds
- ★ 1 fat eighth each of 3 reds for the flag stripes
- ★ 1 fat eighth each of 3 blues for the pieced star backgrounds
- ★ 1 fat eighth each of 3 lights for the pieced stars
- ★ ⅛ yard each of light and dark for sawtooth strips
- ★ Scraps for 3 flag fields and stars
- ★ ¼ yard for the inner border
- ★ ½ yard for the outer border

INSTRUCTIONS:

Cut 3 - 16 ½" x 8 ½" light rectangles for the flag background blocks.

For each flag cut the following 3 red stripes

- ★ Top stripe - 16 ½" x 2"
- ★ Middle and bottom stripes - 16 ½" x 2 ¾"

Press a seam allowance under on one side only for the top and bottom stripes and on two sides for the middle stripe. Press the seam allowances under unevenly (refer to the photo) to give the flags a primitive look. Appliqué the stripes to the background.

Cut 3 - 4 ½" x 6 ½" fields from blue fabric.

Use freezer paper to make an appliqué star template. You will find the pattern on page 76.

Cut three stars and appliqué the stars to the fields.

Make 24 - 2" finished half-square triangles. Use triangle paper or cut 12 - 2 ⅞" squares of light and dark fabrics. Cut each square in half diagonally and sew one light to one dark. Press toward the dark fabric.

Sew the half-square triangles into 3 rows of 8 squares each.

Sew a row of half-square triangles to the bottom of each flag.

Cut and piece three stars.
You will find the pattern pieces on pages 77-79.
Trace each of the pieces onto freezer paper and add a ¼" seam allowance.

Sew pieces A, B and C together. Sew this unit to the top of piece D.

Sew pieces E and F together. Sew to the left side of D.

Sew pieces G, H and I together and sew to the right side of D to complete the star.

Sew the flag units and the stars together. Refer to the photo for placement purposes.

Cut 2 inner borders 24 ½" x 1 ½". Sew to the top and bottom.

Cut 2 inner borders 32 ½" x 1 ½". Sew to the sides.

Cut 2 outer borders 26 ½" x 3 ½". Sew to the top and bottom.

Cut 2 outer borders 38 ½" x 3 ½". Sew to the sides.

Flag Table Rug

Designed by Jan Patek
Size: 25" x 8"

REQUIREMENTS:

- ★ ⅓ yard of muslin for foundation
- ★ Scraps of wool
- ★ Embroidery floss
- ★ Star buttons

INSTRUCTIONS:

We're going to use foundation piecing to make this table rug. Foundation piecing is done on a paper or fabric foundation pattern. This Flag Table Rug uses a fabric foundation and will make your block a little thicker since the fabric will remain in the block. The pattern is printed reversed and you simply follow the numbers to place your fabric.

Cut a foundation piece of muslin 21 ½" x 8 ½". Transfer the pattern to the fabric. Use a light table or a window when you trace the pattern.

Place fabric #1 right side up over the space marked #1 on the non-printed side of the fabric pattern. Cut the fabric larger than required as you must have seam allowances on either side. Hold the pattern up to the light for fabric placement then glue in place.

Cut fabric #2 larger than the required size and place it on piece #1 with right sides facing. Make sure your fabric is over the line between #1 and #2 on the printed side of the fabric. Sew a couple of stitches past the end of each marked line. Trim the seam allowance to a scant 1/4" and press the #2 fabric over. You can now see the right sides of fabric #1 and fabric #2.

Repeat the process continuing in numerical order until the block is complete. Once you have completed the block, trim to 21" x 8".

Cut a star and two circles from felted wool. There is no seam allowance on these pieces. Appliqué in place on the blue field using the buttonhole stitch. Refer to the photo and sew the star button in place.

Cut 8 tongues of felted wool and 8 of each size of circle. Sew the small circle to the larger circle and the larger circle to the tongues using a buttonhole stitch. Use a variety of flosses – 1 strand each of wool, linen and perle cotton flosses and 2 strands of regular cotton floss.

Cut a background piece of wool 21" x 8". With the flag right side up, insert the tongues between the layers at the ends of the Flag. Sew the layers together using a buttonhole stitch. Sew star buttons to the circles on the tongues.

You will find the foundation and applique patterns on pages 80-82.

American Glory

Designed by Jan Patek
Size 26" x 26"

REQUIREMENTS:

- ★ ⅜ yard of red, white and blue bunting for background or
- ★ 1 fat quarter each of red, white and blue fabrics
- ★ 1 fat eighth for eagle head and legs
- ★ 1 fat quarter for eagle wings and outer tail
- ★ 1 fat quarter for outer wings and inner tail
- ★ 1 fat eighth for bottom of shield and flags
- ★ Scraps for top of shield, fields, flag poles and stars
- ★ ⅜ yard for outer border

INSTRUCTIONS:

Cut 1 – 20 ½" square for the background block. If you are not using the bunting, cut each red, white and blue piece 7 ¼" x 20 ½" and sew the strips together. Trim to a 20 ½" square.

Use freezer paper to make your appliqué templates according to directions in General Instructions.

Pin, glue stick or baste the shapes into place on the background.

Appliqué in place.

Cut 2 outer borders 20 ½" x 3 ½". Sew to the top and bottom.

Cut 2 outer borders 26 ½" x 3 ½". Sew to the sides.

You will find the appliqué patterns on pages 83-85.

Flags, Chickens and Kids

Designed by Jan Patek
Size 53" x 65"

REQUIREMENTS:

- ★ 1 yard of red for flag
- ★ ½ yard of tan for flag
- ★ ⅓ yard of blue for field
- ★ 1 ⅓ yard for background
- ★ Scraps for stars, birds, trees, tree trunks, basket, leaves, stem, berries and chickens
- ★ 3 fat eighths each of light and dark for half-square triangles
- ★ ¼ yard for inner border
- ★ ⅔ yard for outer border

INSTRUCTIONS:

Cut and piece 4 flag blocks. Each flag block consists of a flag and surrounding background fabrics.

To piece the flag, cut

- ★ 3 - 3 ½" x 19 ½" strips of red
- ★ 2 - 2 ½" x 19 ½" strips of tan

Sew the strips together beginning and ending with red.

Cut 1 - 7 ½" x 9 ½" field of blue. Appliqué 5 stars to the field using the freezer paper appliqué instructions. Appliqué the field to the flag.

Cut 1 - 8 ½" x 19 ½" background piece and sew it to the right side of the flag.

Cut 1 - 8 ½" x 21 ½" background piece and sew to the bottom of the flag/background piece.

Cut the appliqué templates from freezer paper. Refer to the freezer paper appliqué instructions if necessary.

Appliqué the elements in place on each block. Refer to the photo for placement purposes.

Using 2 strands of cotton floss, embroider the wing and eye on the bird. Using 1 strand of linen floss, embroider the eye on the chicken. (The wing on the chicken is merely quilted.)

Make 32 - 3" finished half-square triangles.
Use either triangle paper or cut sixteen 3 ⅞" squares of light and dark fabrics. Cut in half diagonally and sew one light to one dark.

Press toward the darker fabric.

Sew 2 vertical rows using 9 half-square triangles in each row.

Sew the flag blocks together with a row of vertical half-square triangles in between. Refer to the photo. You will have two rows of flag blocks. Each row consists of a flag block, half-square triangles and another flag block.

Sew 2 horizontal rows of 7 half-square triangles in each row.

Cut 1 - 3 ½" square and appliqué a star to it.

Sew the two horizontal rows of half-square triangles together with the star block in the center.

Now sew the rows of flag blocks together with the horizontal row of triangle squares in between.

Cut 2 - 57 ½" x 1 ½" inner borders and sew to the sides.

Cut 2 - 47 ½" x 1 ½" inner borders and sew to the top and bottom.

Cut 2 - 47 ½" x 3 ½" outer borders and sew to the top and bottom. (These borders can be pieced.)

Cut 2 - 65 ½" x 3 ½" outer borders and sew to the sides. (These borders can be pieced.)

Quilt as desired.

You will find the appliqué patterns on pages 86-89.

Jake's Eagles

Designed by Jan Patek
Size: 36" x 36"

REQUIREMENTS:

- ★ ⅓ yard of dark for 4 background squares
- ★ 1 fat quarter of dark for 5th square
- ★ ⅓ yard of light for 4 background squares
- ★ ¼ yard for 3 eagles
- ★ 1 fat eighth each of 2 fabrics for 2 eagles
- ★ 1 fat quarter of dark for 8 stars
- ★ Scrap for 1 star
- ★ ⅛ yard each of light and red for flags
- ★ Scraps for fields and poles
- ★ ¼ yard for the inner border
- ★ ½ yard for outer border

INSTRUCTIONS:

Cut 5 - 9 ½" dark background squares and 4 - 9 ½" light background squares.

Make freezer paper templates for all of the appliqué pieces and cut out the needed pieces.

Pin, glue or baste a star to each eagle and appliqué in place.

Appliqué an eagle to the dark background blocks. Leave the area between the top of the left wing to the top of the eagle's head unsewn. This will allow you to slip the flag pole into position after the blocks are sewn together.

Appliqué a star to the light background blocks.

Sew the blocks together in 3 rows of 3 blocks each. Refer to the photo for placement.

Cut:

- ★ 2 - 27 ½" x 1 ½" inner borders and sew to the top and bottom
- ★ 2 - 29 ½" x 1 ½" inner borders and sew to the sides
- ★ 2 - 29 ½" x 4" outer borders and sew to the sides
- ★ 2 - 36 ½" x 4" outer borders and sew to the top and bottom

Make 5 flags using freezer paper appliqué. Sew the red strips to the cream background, then add the field and pole. Appliqué the flags in place and finish stitching the eagle down at this time. Refer to the photo for placement.

Quilt as desired.

Sew the star button eyes in place.

You will find the appliqué patterns on pages 90-91.

1776

Designed by Jan Patek
Size: 42" x 42"

REQUIREMENTS:

- ⅔ yard for background of eagle block
- 1 fat quarter for eagle
- 2 fat quarters for setting triangles
- Scraps for stars, arrow, olive branch, eagle eye and markings
- 1 fat eighth for inside scalloped eagle top
- ¼ yard for light inner border
- ¼ yard for dark middle border
- ⅝ yard for outer border

INSTRUCTIONS:

Cut a 21 ¾" square for the background block for the eagle. Cut out and appliqué the scalloped top to the inside. Appliqué the eagle markings and eye to the eagle. Then appliqué the scalloped top, eagle, arrow and olive branch to the background. Refer to the photo for placement.

Cut 1 - 15 ⅞" square from each of the two fat quarters you are using for the setting triangles. Cut each square once on the diagonal to make 4 setting triangles.

Cut out and appliqué 3 stars to each setting triangle. Refer to the photo for placement.

Sew the setting triangles to the eagle block to make the center square.

Cut 2 - 30 ½" x 1 ½" strips for the light inner border and sew one to each of the sides.

Cut 2 - 32 ½" x 1 ½" strips for the light inner border and sew one to the top and one to the bottom.

Cut 2 - 32 ½" x 1 ½" strips for the dark middle border and sew to top and bottom.

Cut 2 - 34 ½" x 1 ½" strips for the dark middle border and sew to sides.

Cut 2 - 34 ½" x 4 ½" strips for the outer border and sew to sides.

Cut 2 - 42 ½" x 4 ½" strips for the outer border and sew to top and bottom.

You will find the appliqué patterns on pages 58-62.

Flag and Chicken Wallhanging

Designed by Jan Patek
Size: Size 25" x 31"

REQUIREMENTS:

- ★ ¼ yard of red for flag
- ★ ⅛ yard of tan for flag
- ★ 1 fat eighth of blue for field
- ★ ⅓ yard for background
- ★ Scraps for stars, bird, tree, tree trunk, basket, leaves, stem, berries and chicken
- ★ ¼ yard for border

INSTRUCTIONS:

Piece the flag by cutting 3 - 3 ½" x 19 ½" strips of red and 2 - 2 ½" x 19 ½" strips of tan. Begin and end with a red strip and sew together. Cut 1 - 7 ½" x 9 ½" field of blue.

Appliqué 5 stars to the field then appliqué the field to the flag.

Cut 1 - 8 ½" x 19 ½" background piece and sew it to the right side of the flag.

Cut 1 - 8 ½" x 21 ½" background piece and sew it to the bottom.

Cut the appliqué templates from freezer paper and appliqué in place. Refer to the photo for placement.

Using 2 strand of cotton floss, embroider the wing and eye on the bird. Using 1 strand of linen floss, embroider the eye on the chicken. (We'll quilt the wing on the chicken.)

Cut 2 - 27 ½" x 2 ½" borders and sew one to each of to the sides.

Cut 2 - 25 ½" x 2 ½" borders and sew one to the top and one to the bottom.

Quilt as desired. (Jan used linen floss to give a primitive look and made large, even stitches.)

You will find the appliqué patterns on pages 86-89.

Star Coasters

Designed by Jan Patek

REQUIREMENTS:

- ★ Scraps of felted wool
- ★ Embroidery floss – wool, linen, perle cotton, and/or cotton

INSTRUCTIONS:

(These measurements include seam allowance)

Cut 8 circles from wool, 4 red and 4 blue.

Cut 4 stars from wool.

Using a buttonhole stitch, appliqué the stars to 2 blue and 2 red circles.

Layer the circles (one with a star on top, then one without a star) and sew them together using a buttonhole stitch. Use a variety of flosses – 1 strand each of wool, linen and perle cotton flosses and 2 strands of regular cotton floss.

You will find the star appliqué pattern on page 92.

TEMPLATES

BLOCK 1 - *Eagle Medallion and Setting Triangles*

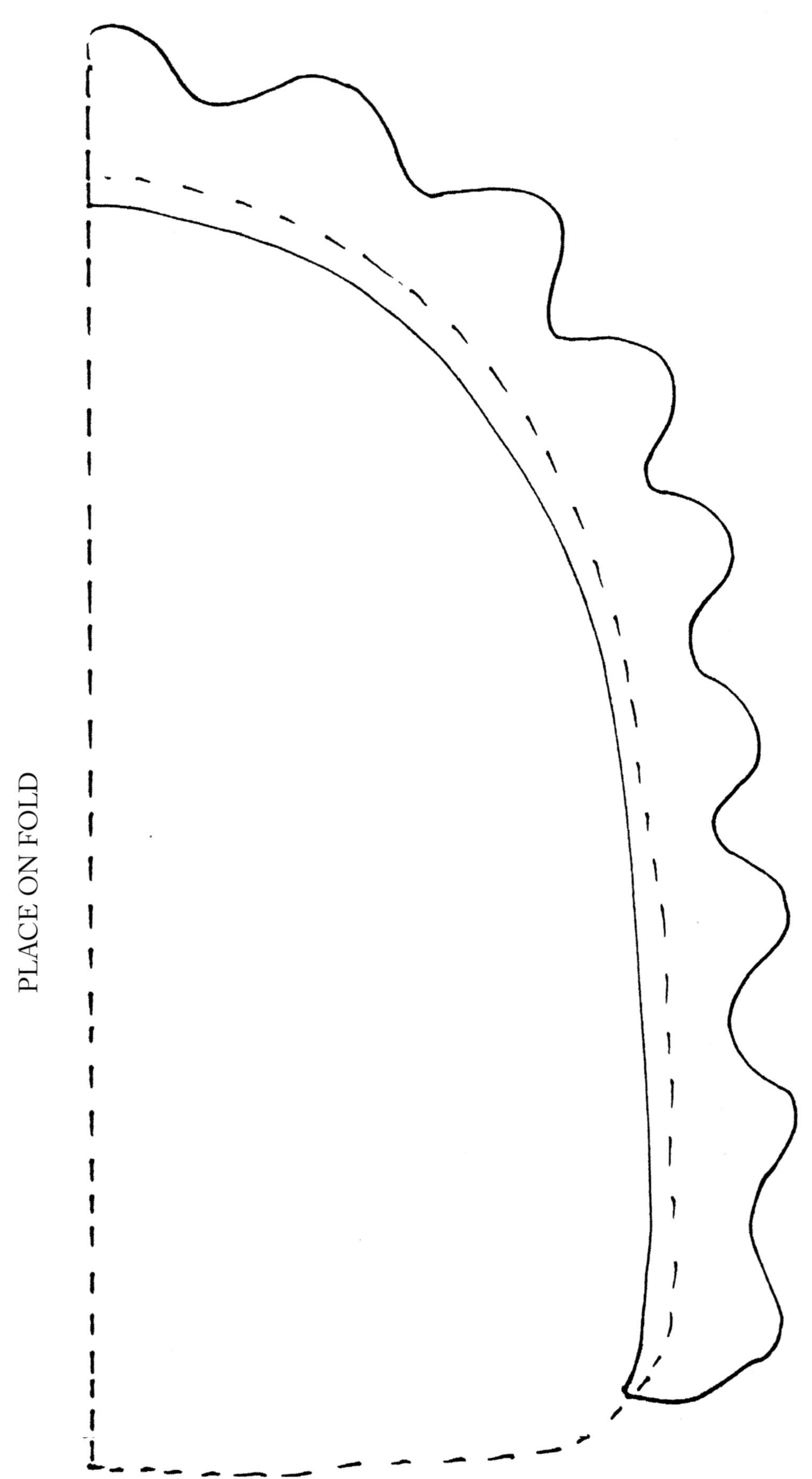

BLOCK 1 - *Eagle Medallion and Setting Triangles*

Continued from page 58.

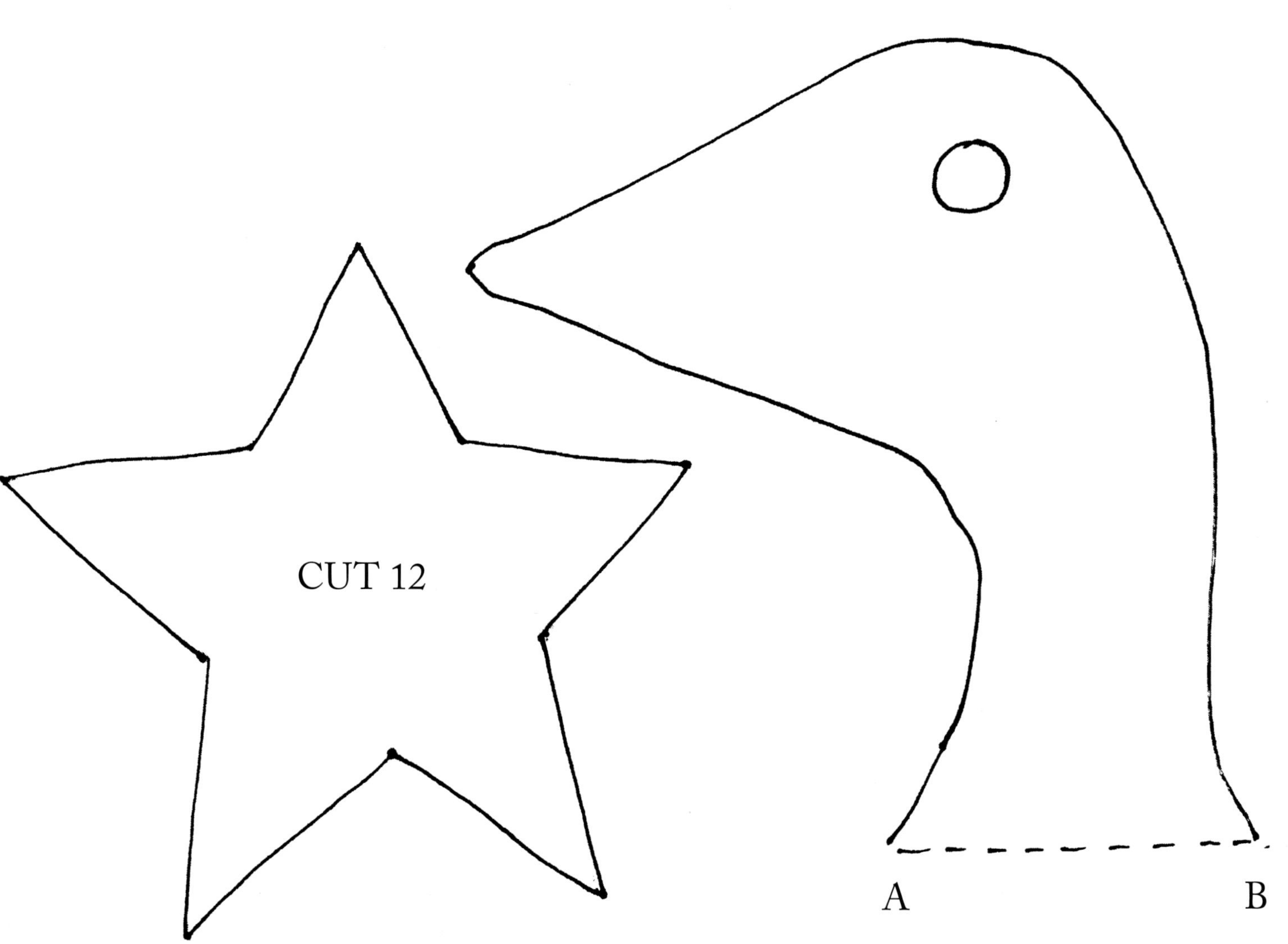

BLOCK 1 - *Eagle Medallion and Setting Triangles*

Continued from page 59.

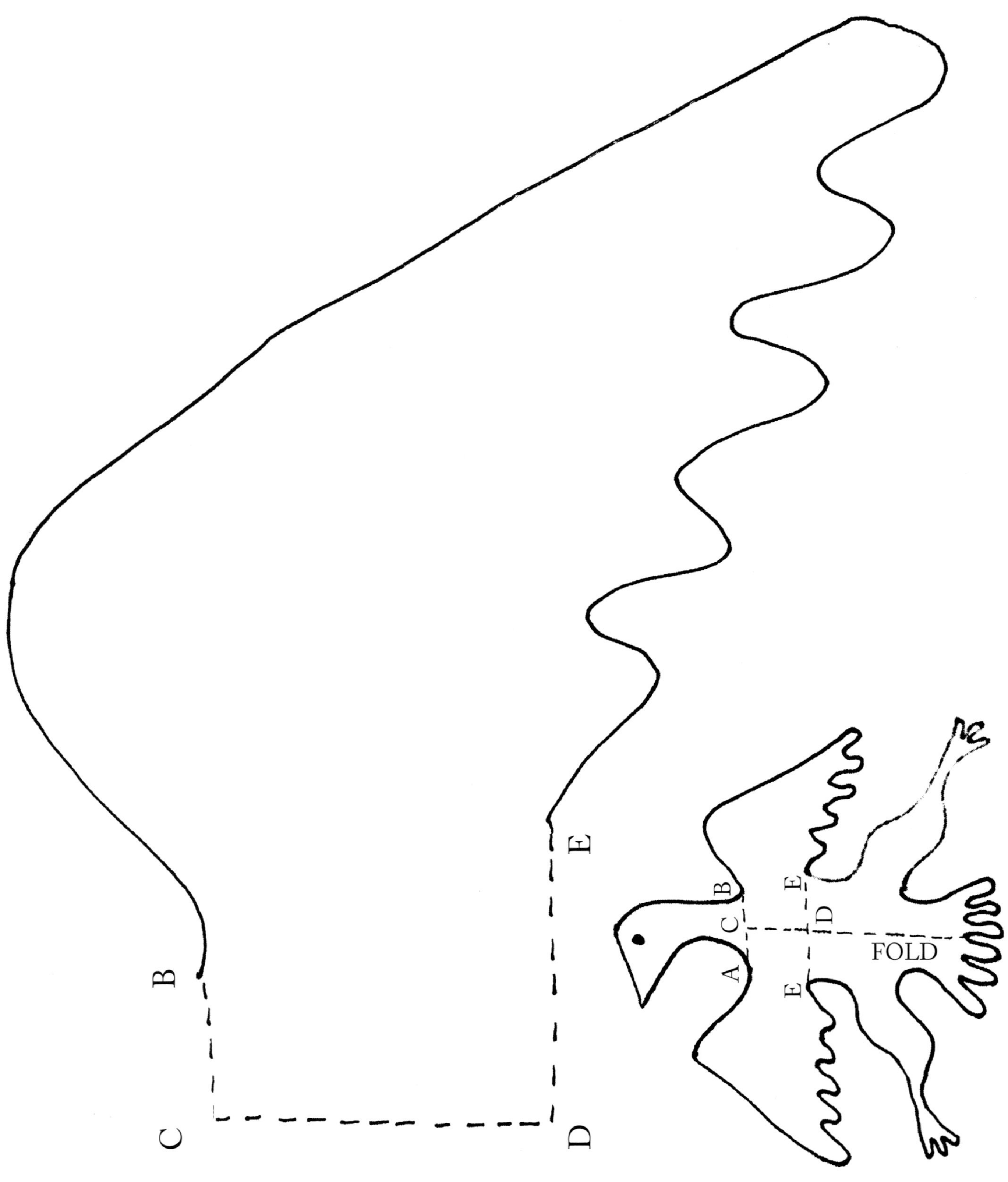

BLOCK 1 - *Eagle Medallion and Setting Triangles*

Continued from page 60.

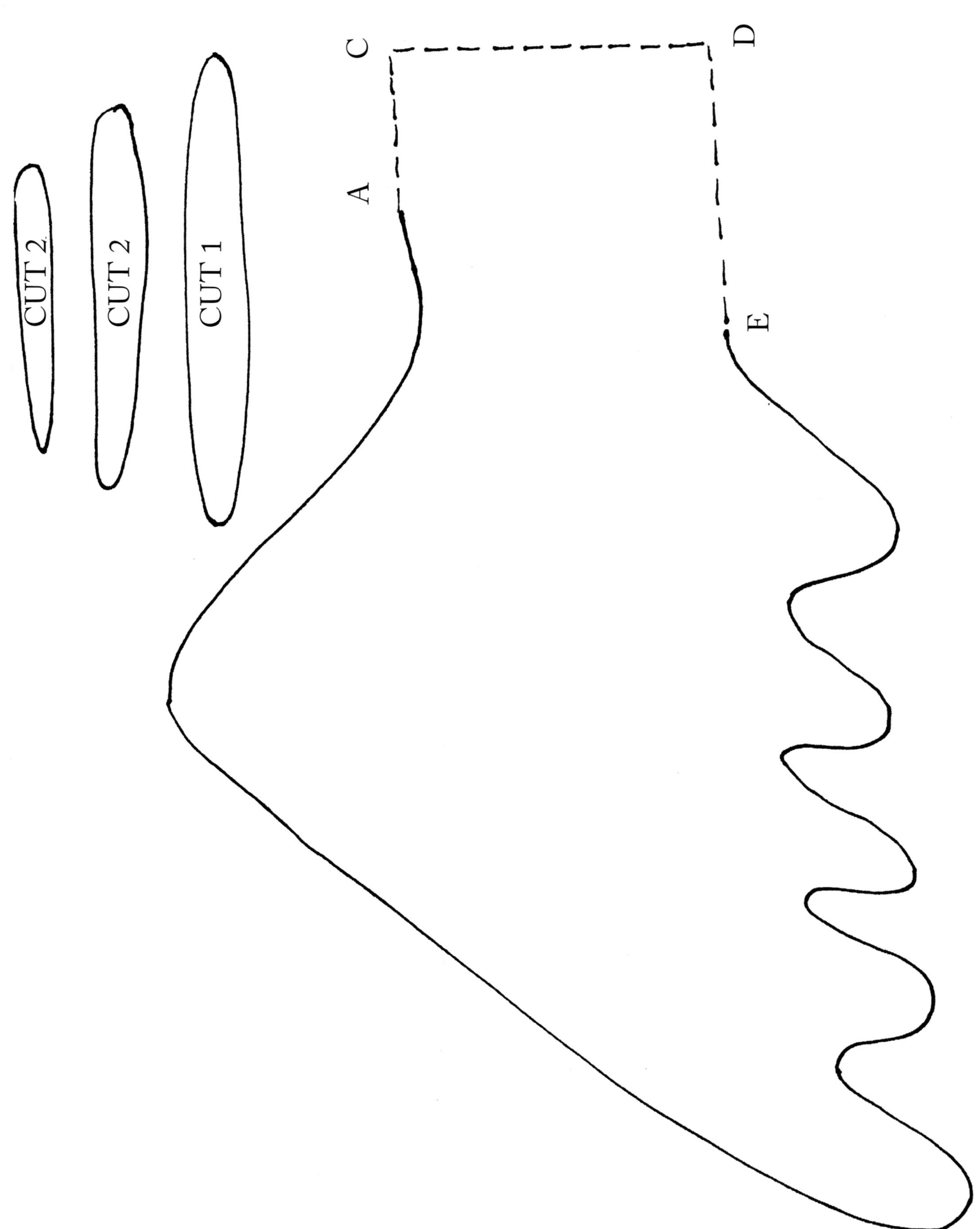

BLOCK 1 - *Eagle Medallion and Setting Triangles*

Continued from page 61.

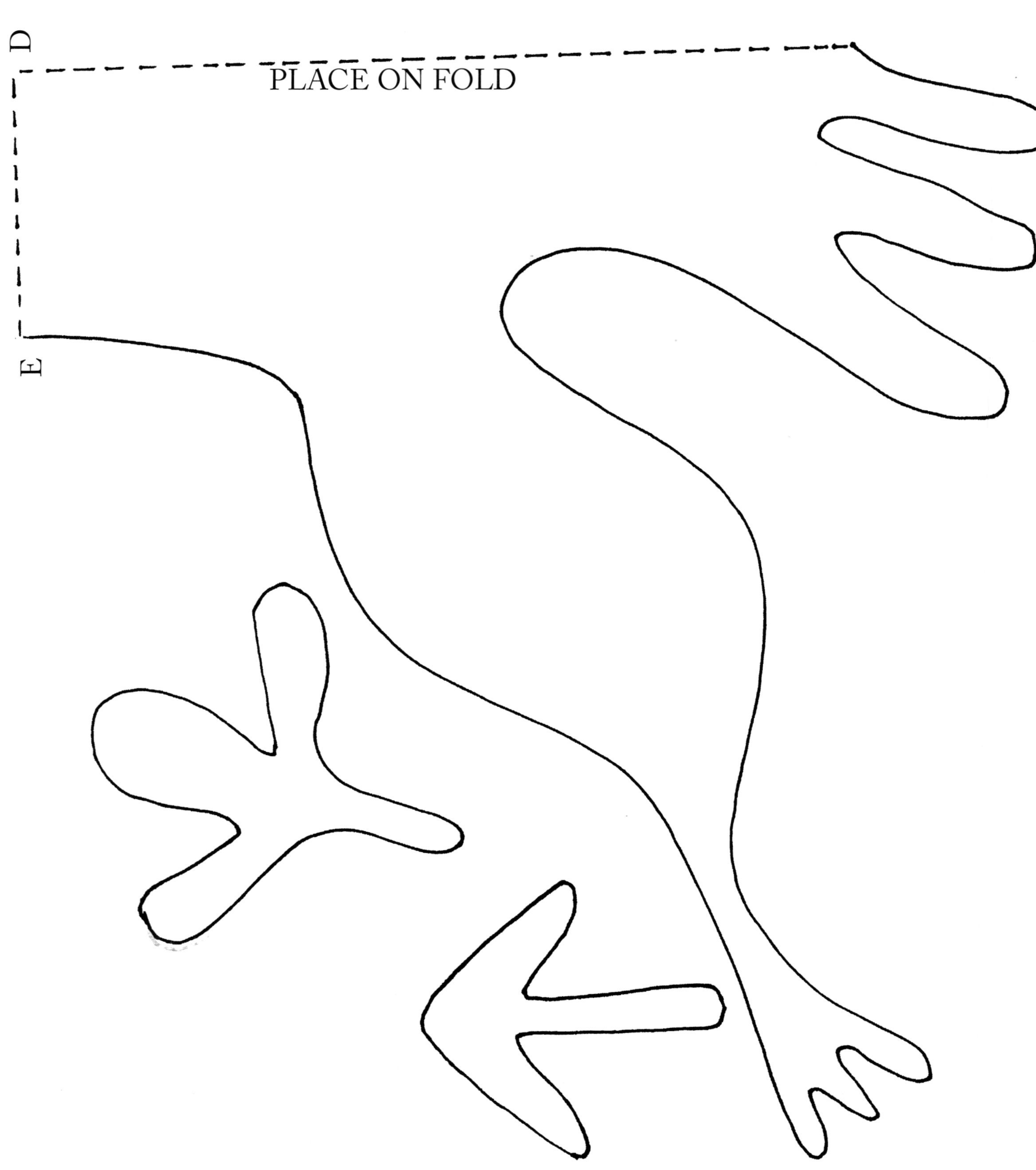

BLOCK 2 - *Appeal to Heaven*
And
BLOCK 8 - *Pine Tree*

BLOCK 2 - *Appeal to Heaven*

APPEAL
TO
HEAVEN

BLOCK 3 - *Bunker Hill*

BLOCK 4 - *The Pine Tree Flag*

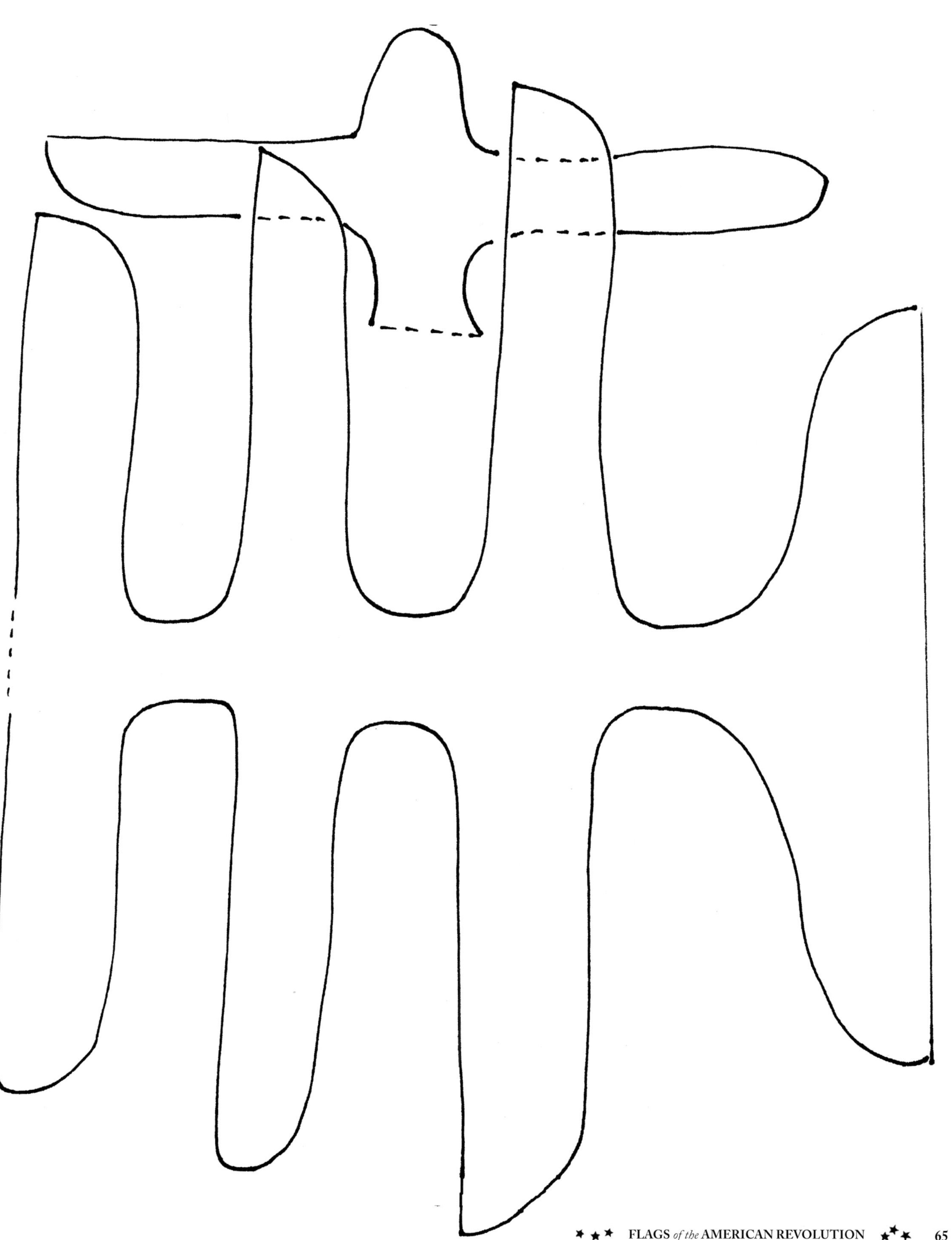

BLOCK 7 - *Washington's Personal Standard*

BLOCK 9 - *U.S. Navy Jack*

DONT
REA
ME

BLOCK 9 - *U.S. Navy Jack*

Continued from page 66.

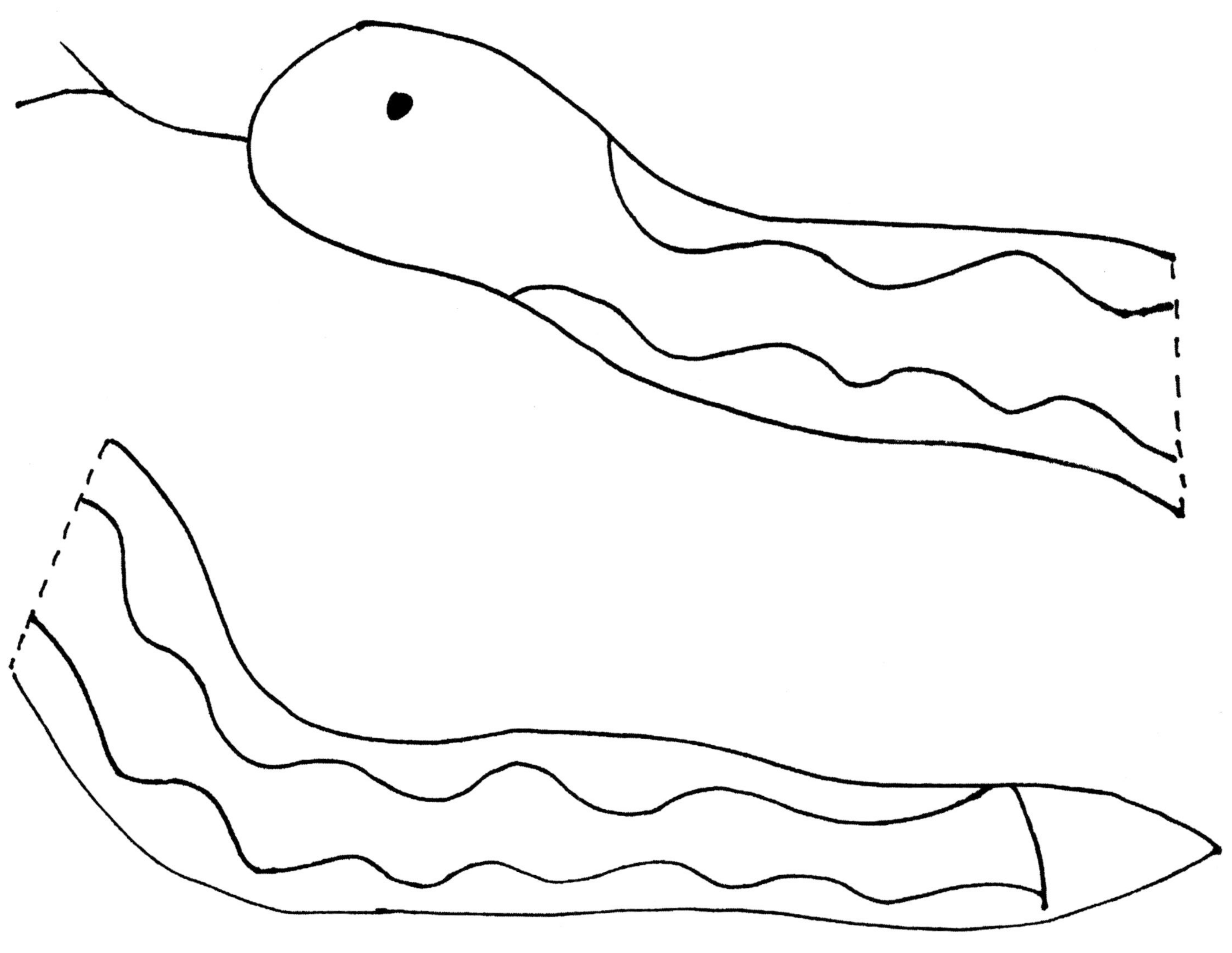

BLOCK 10 - *Liberty or Death*

BLOCK 10 - *Liberty or Death*

Continued from page 68.

BLOCK 11 - *Bennington Flag*

BLOCK 12 - *Fort Moultrie (Liberty Moon)*

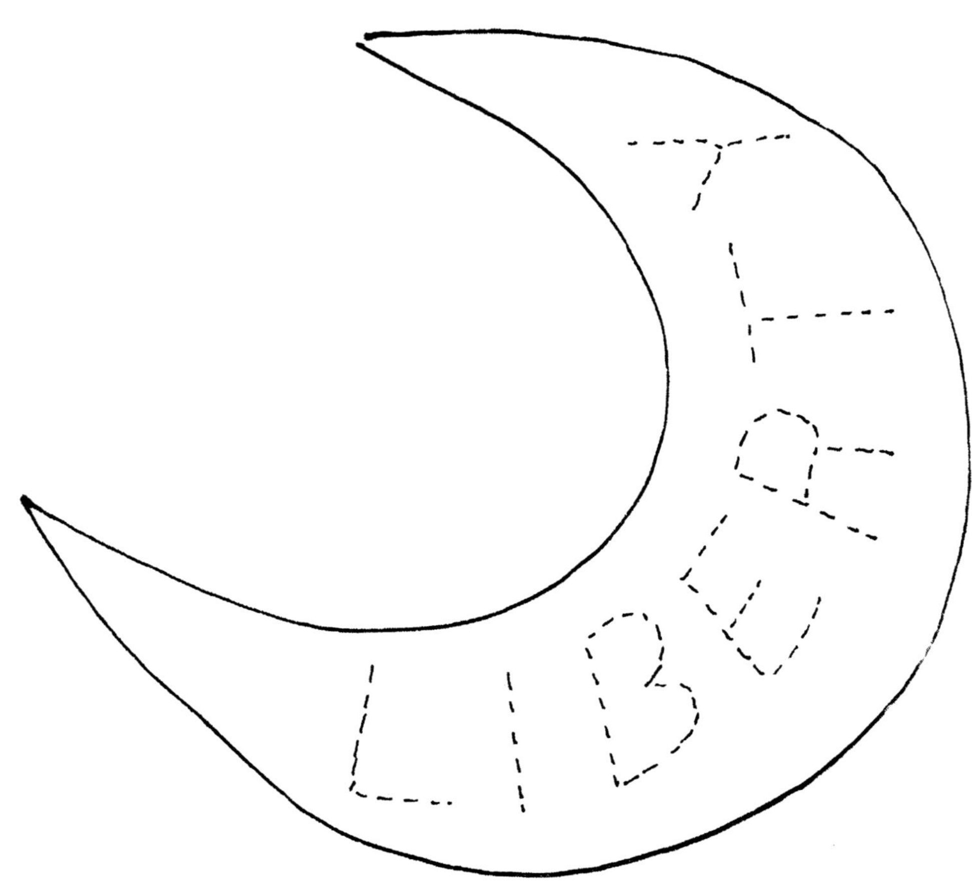

BLOCK 14 - *Three Crescents of South Carolina*

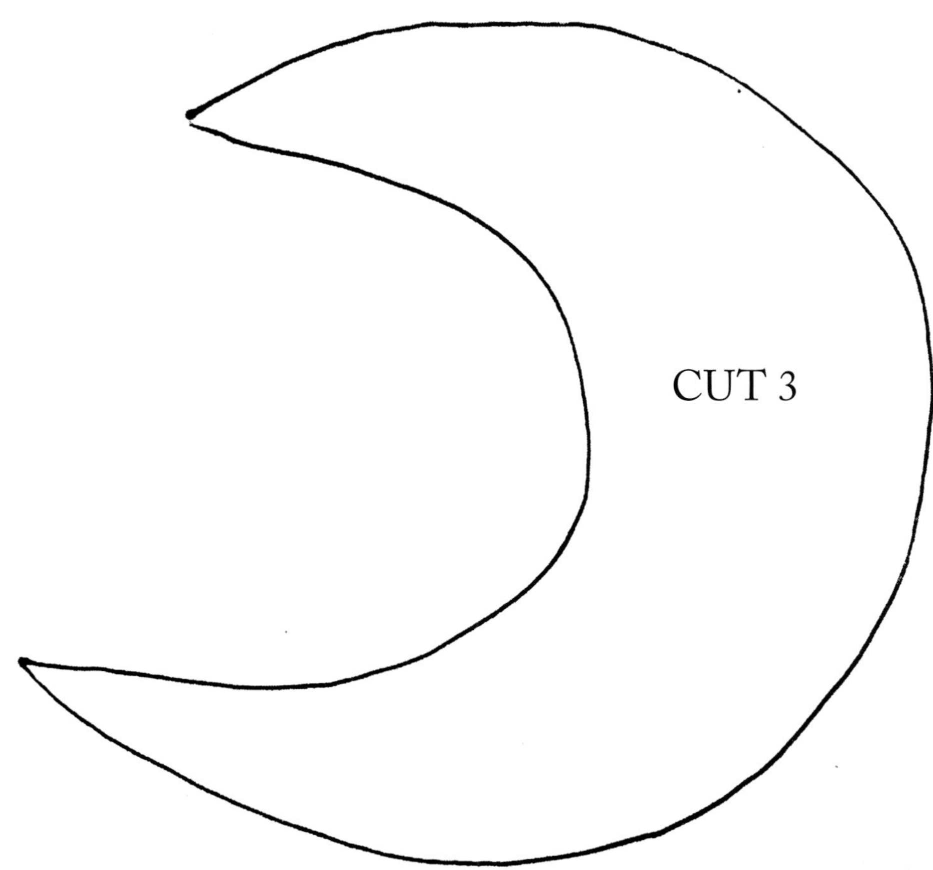

BLOCK 15 - *Whiskey Rebellion*

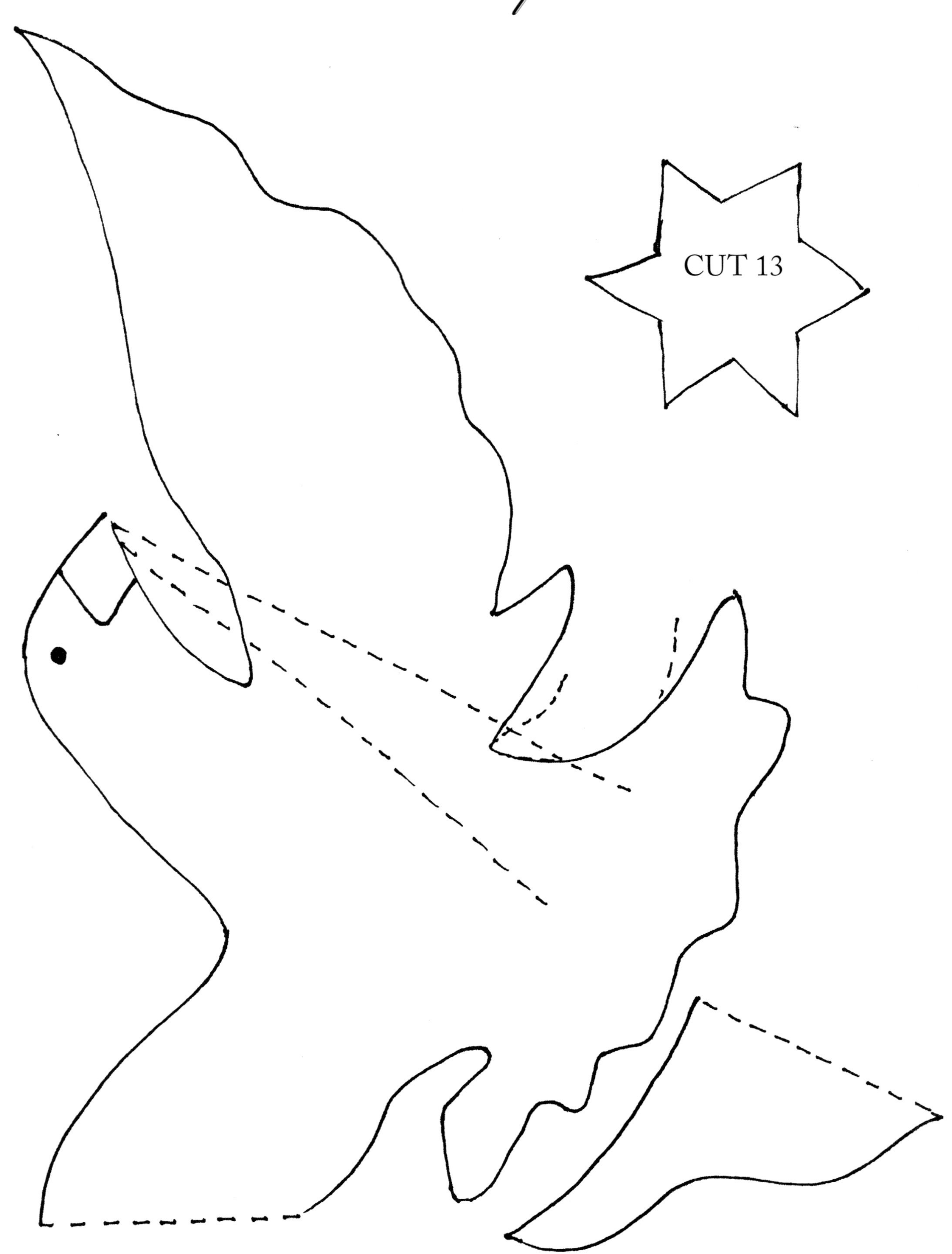

BLOCK 15 - *Whiskey Rebellion*

Continued from page 72.

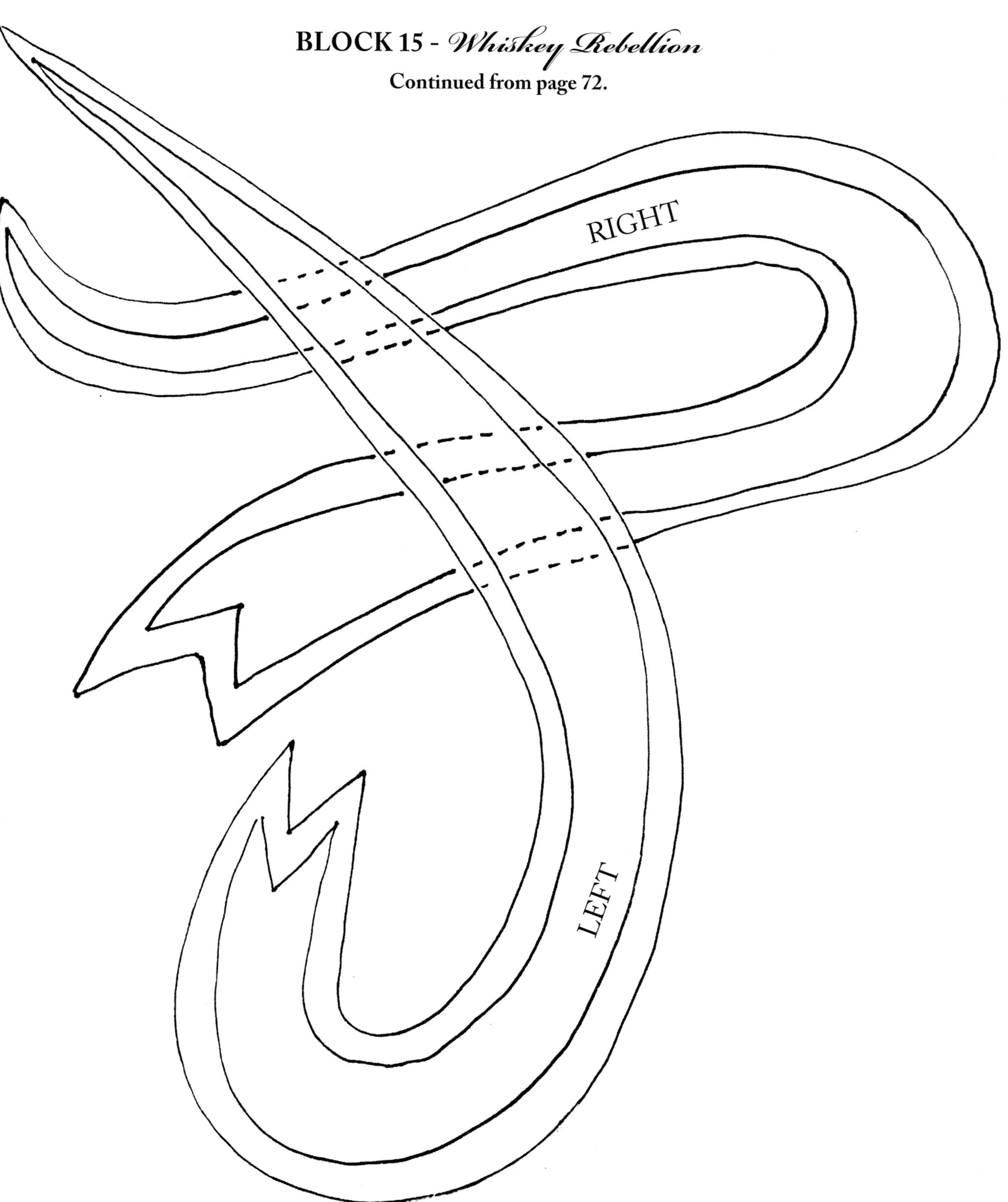

her
wok

Crescent Moon and Star SETTING BLOCK

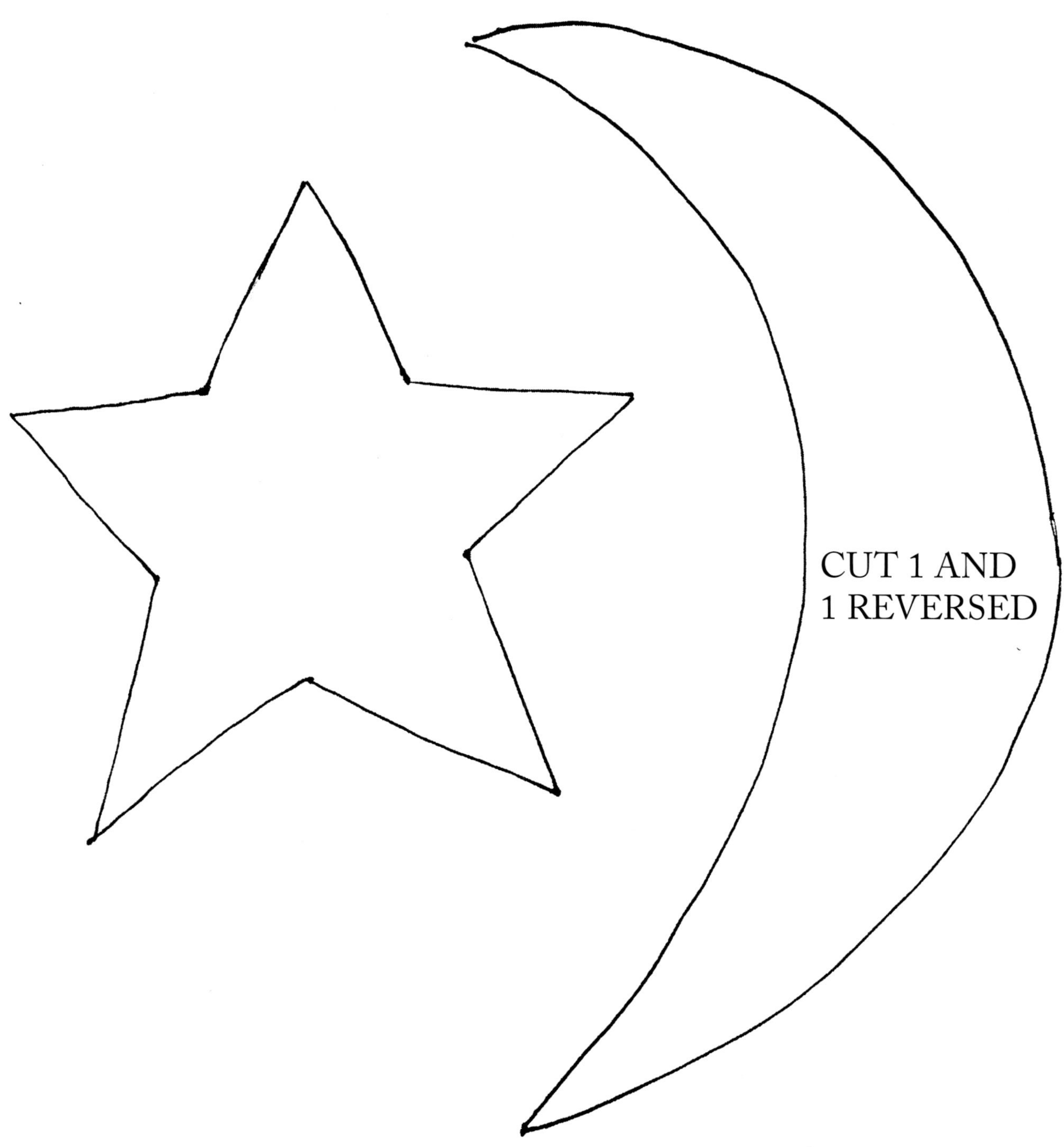

CUT 3

Stars and Stripes

Continued from page 76.

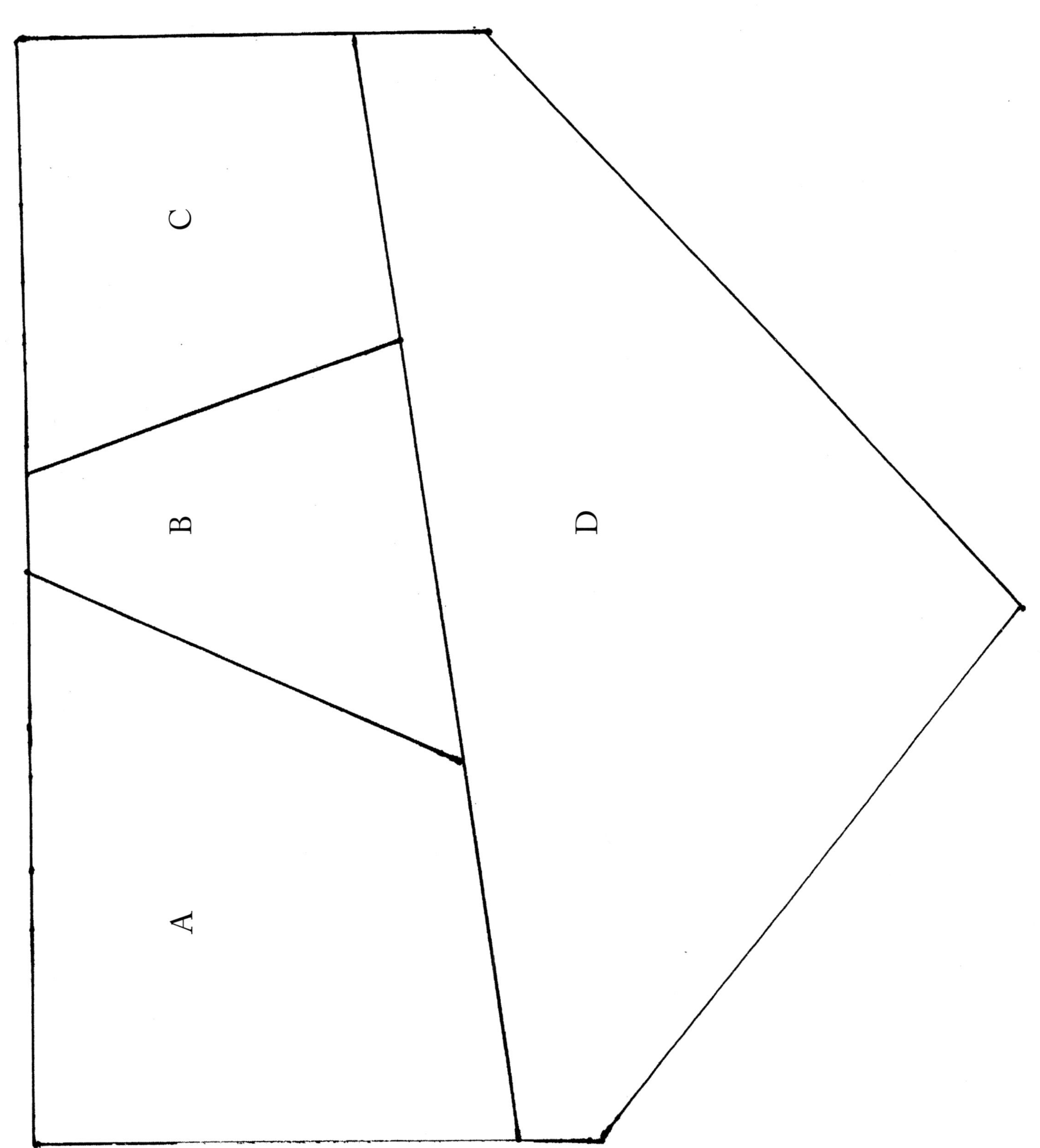

Stars and Stripes

Continued from page 77.

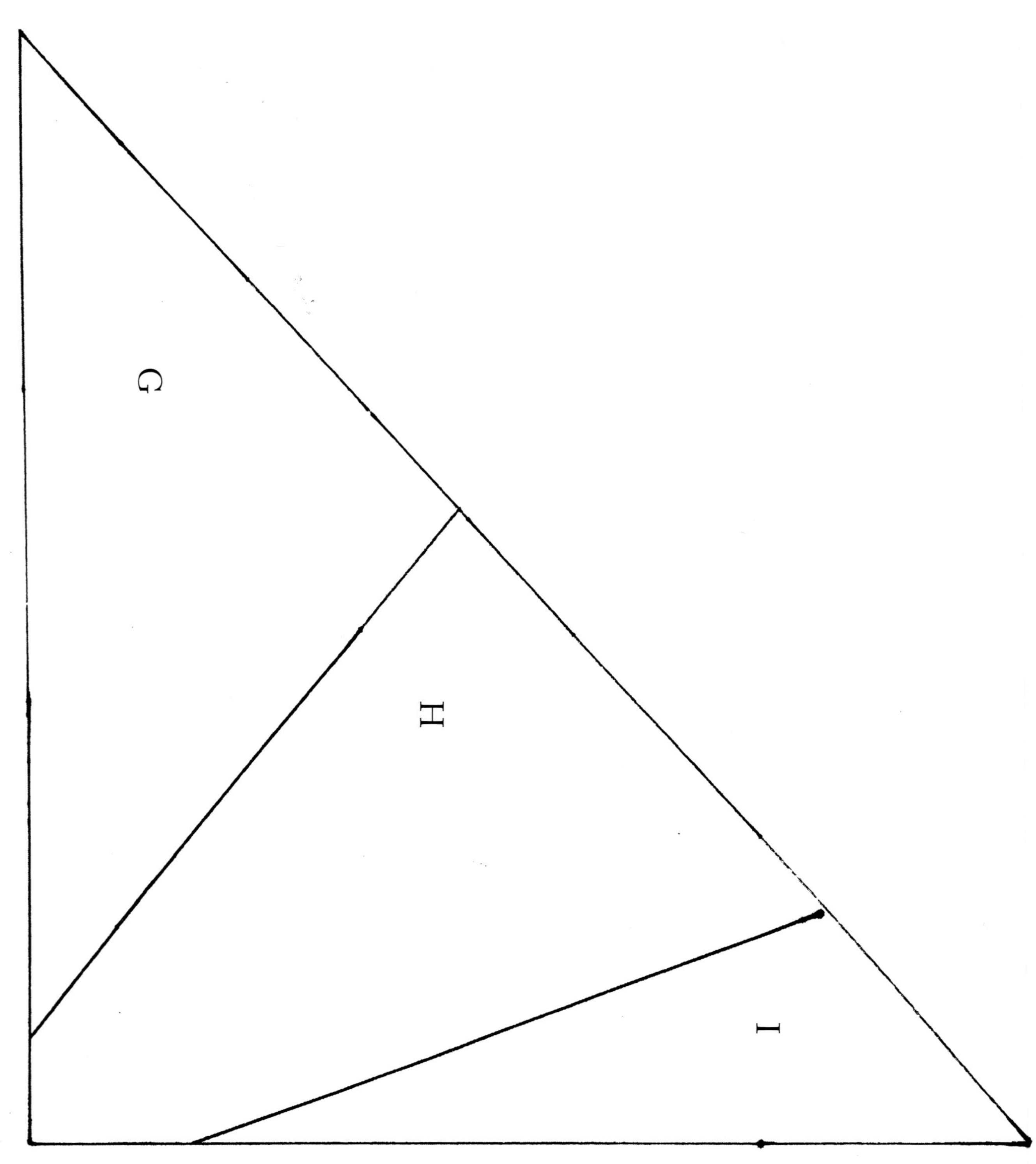

Stars and Stripes

Continued from page 78.

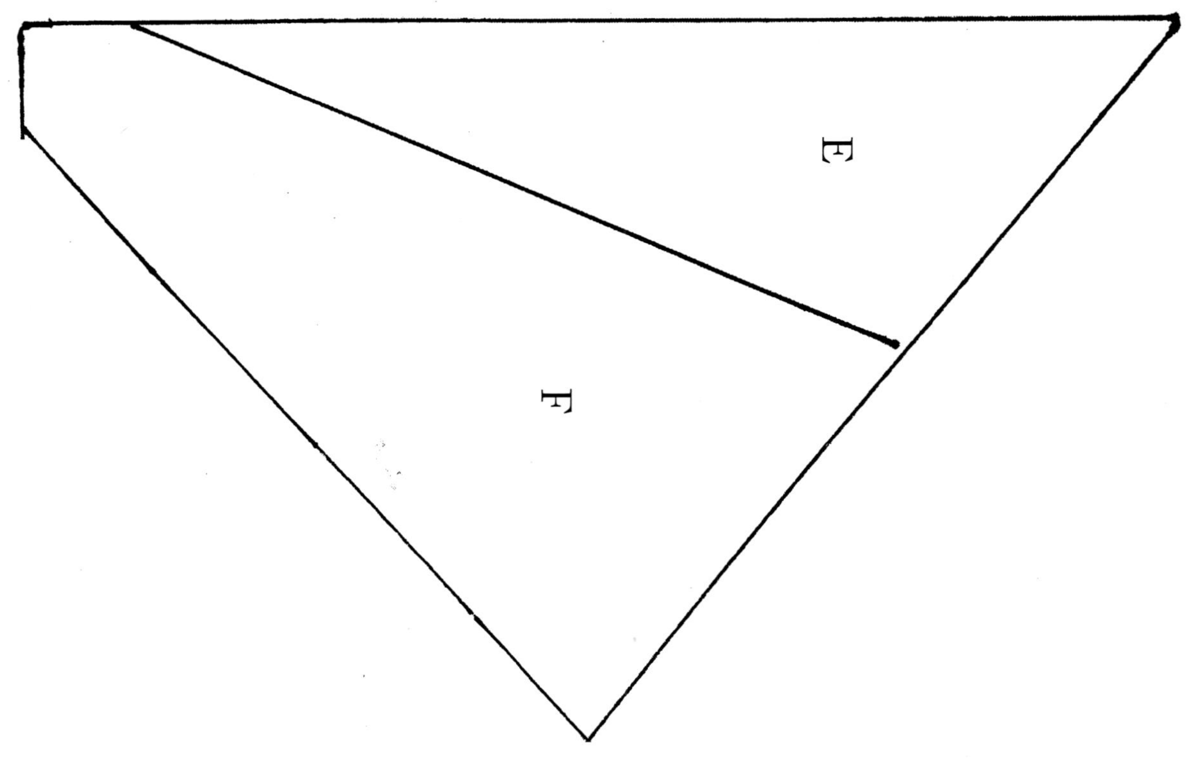

Flag Table Rug

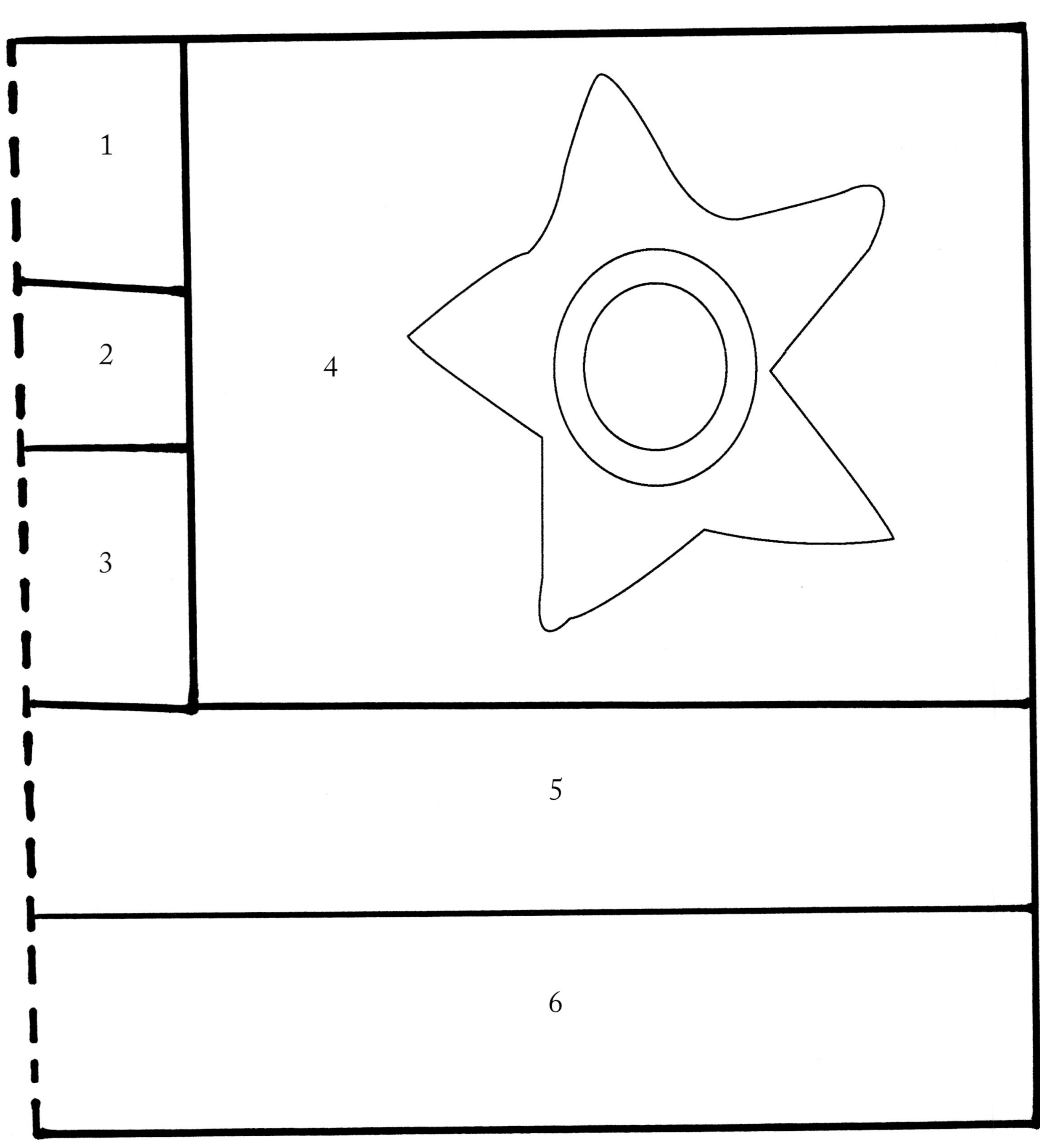

Flag Table Rug

Continued from page 80.

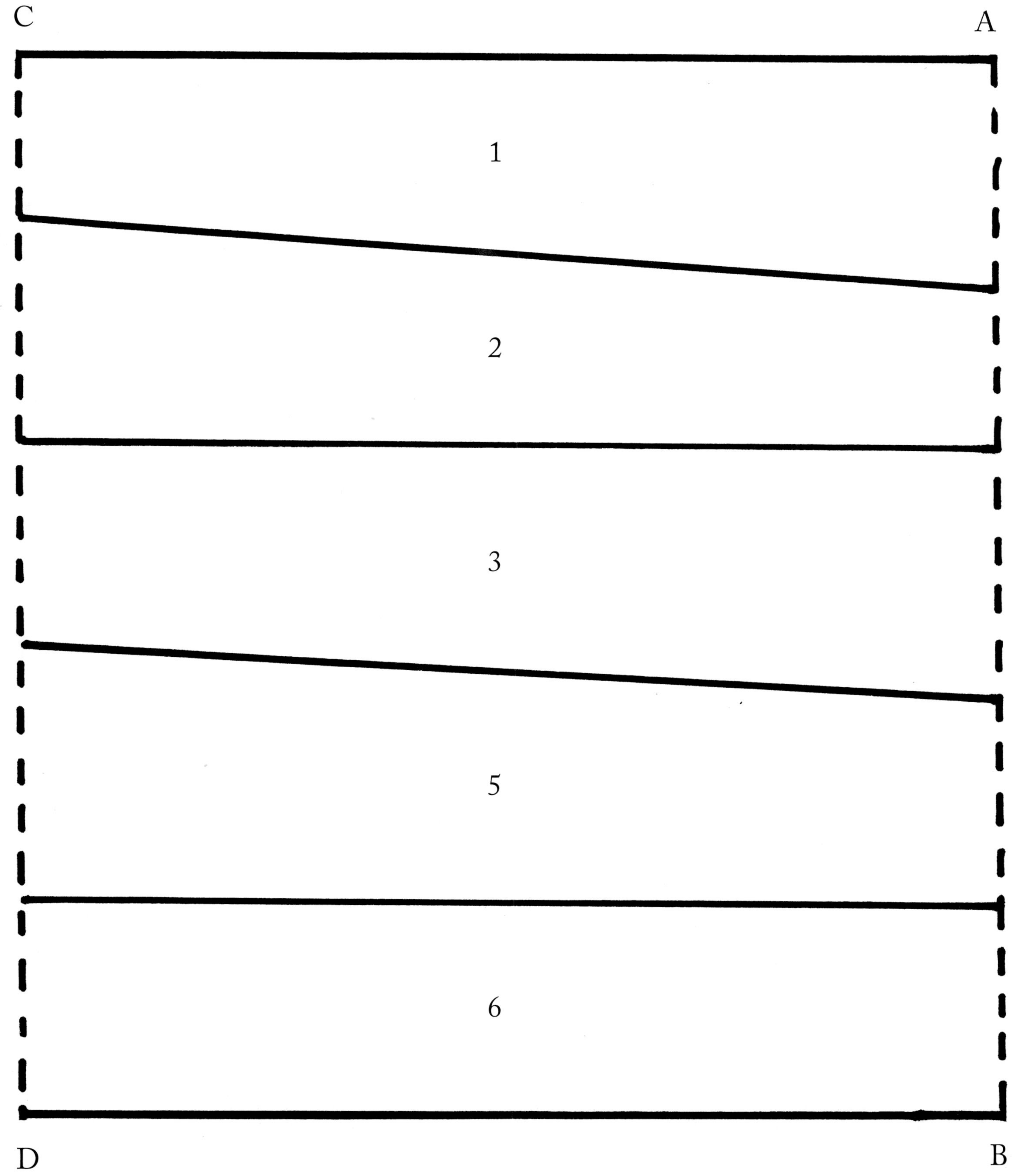

Flag Table Rug

Continued from page 81.

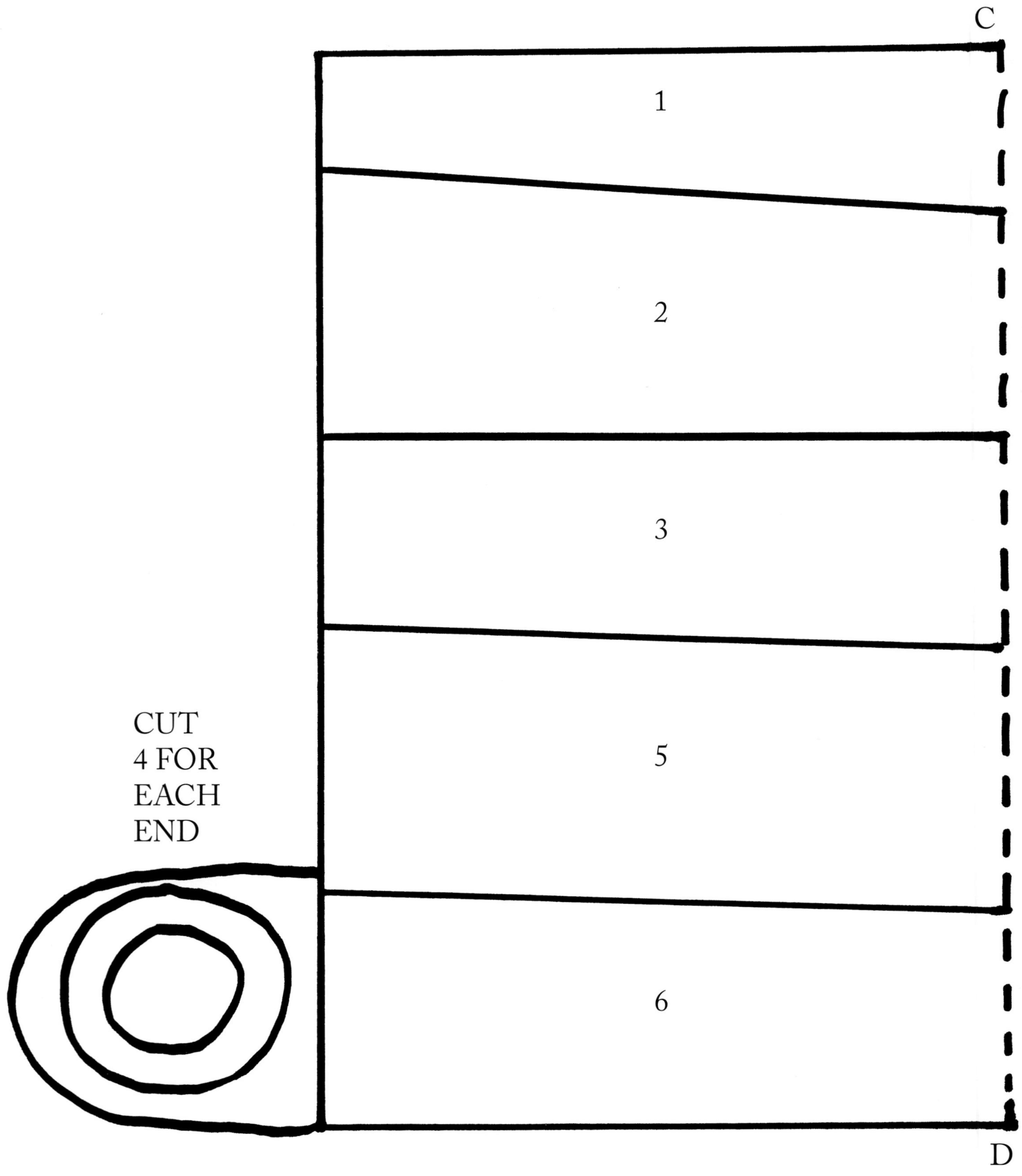

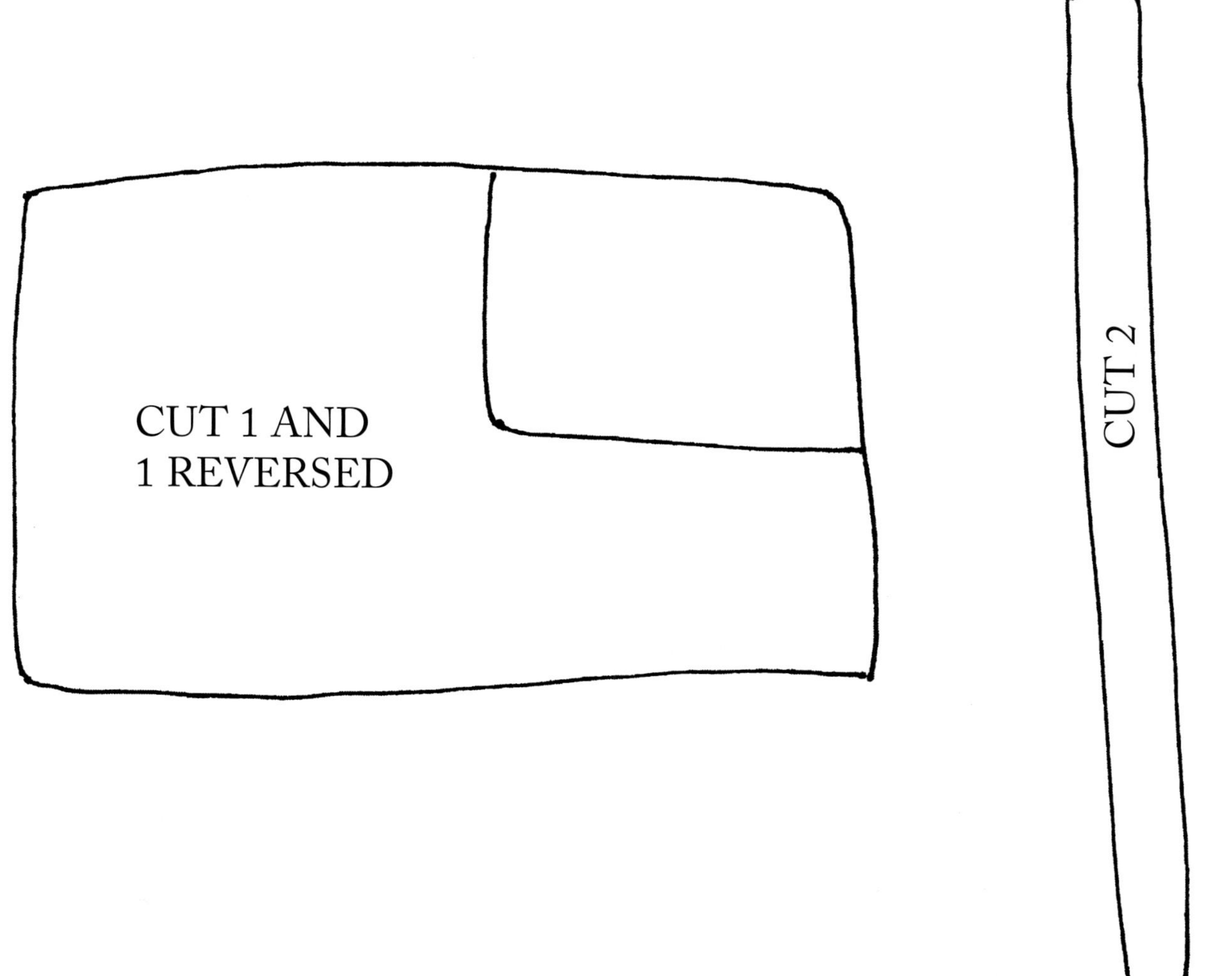
FLAG POLE
CUT 1 AND
1 REVERSED
CUT 2

American Glory

Continued from page 83.

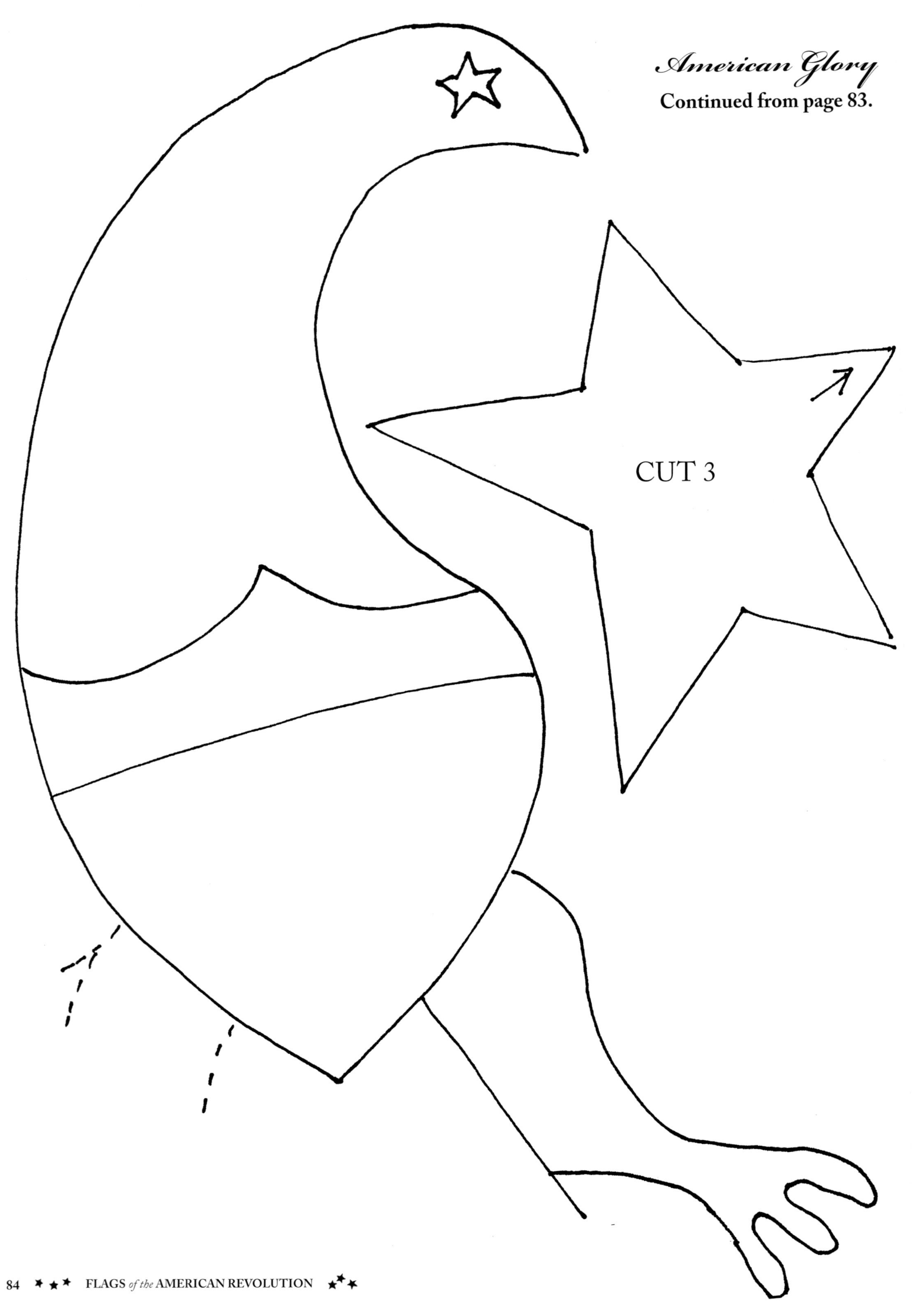

American Glory

Continued from page 84.

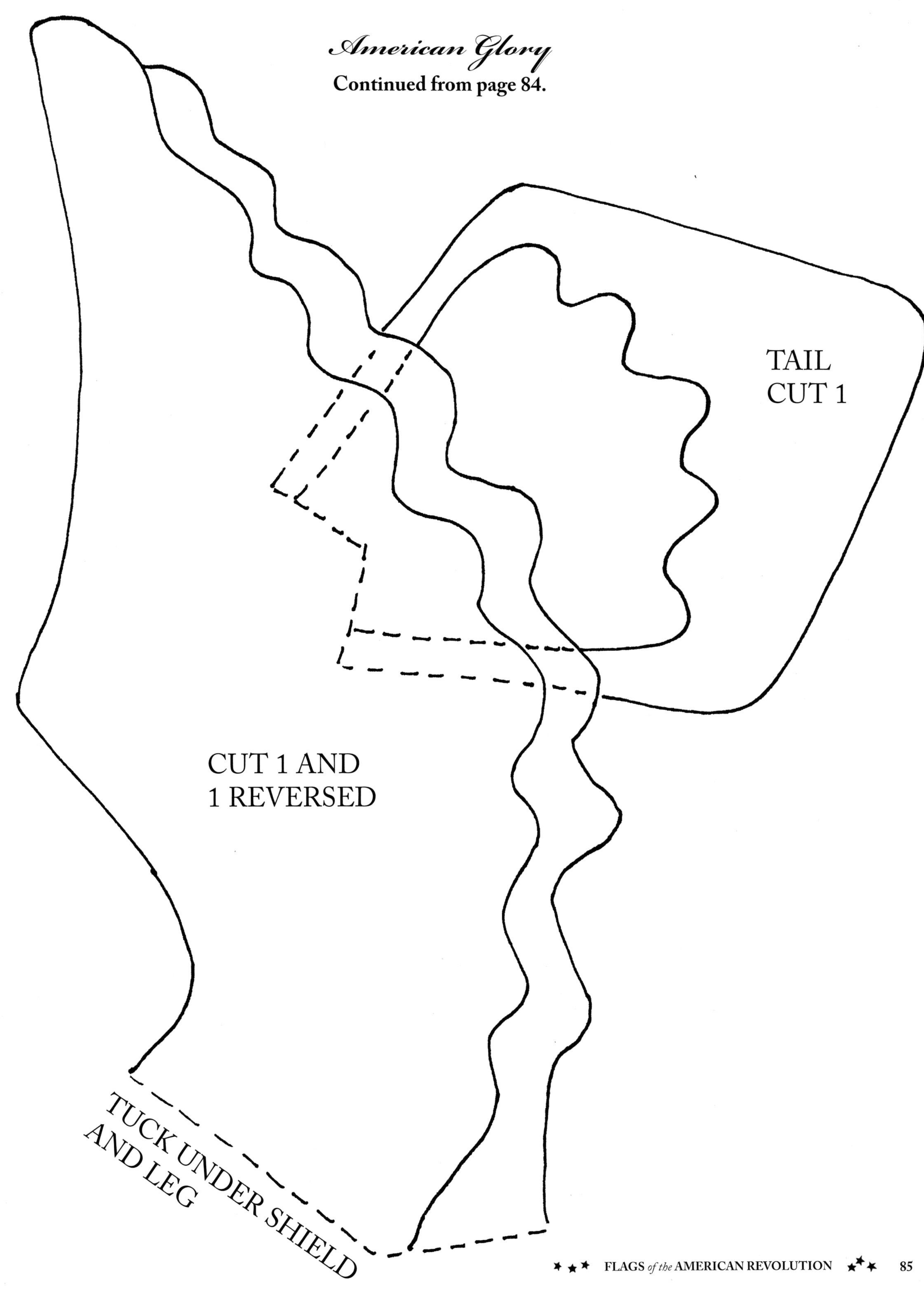

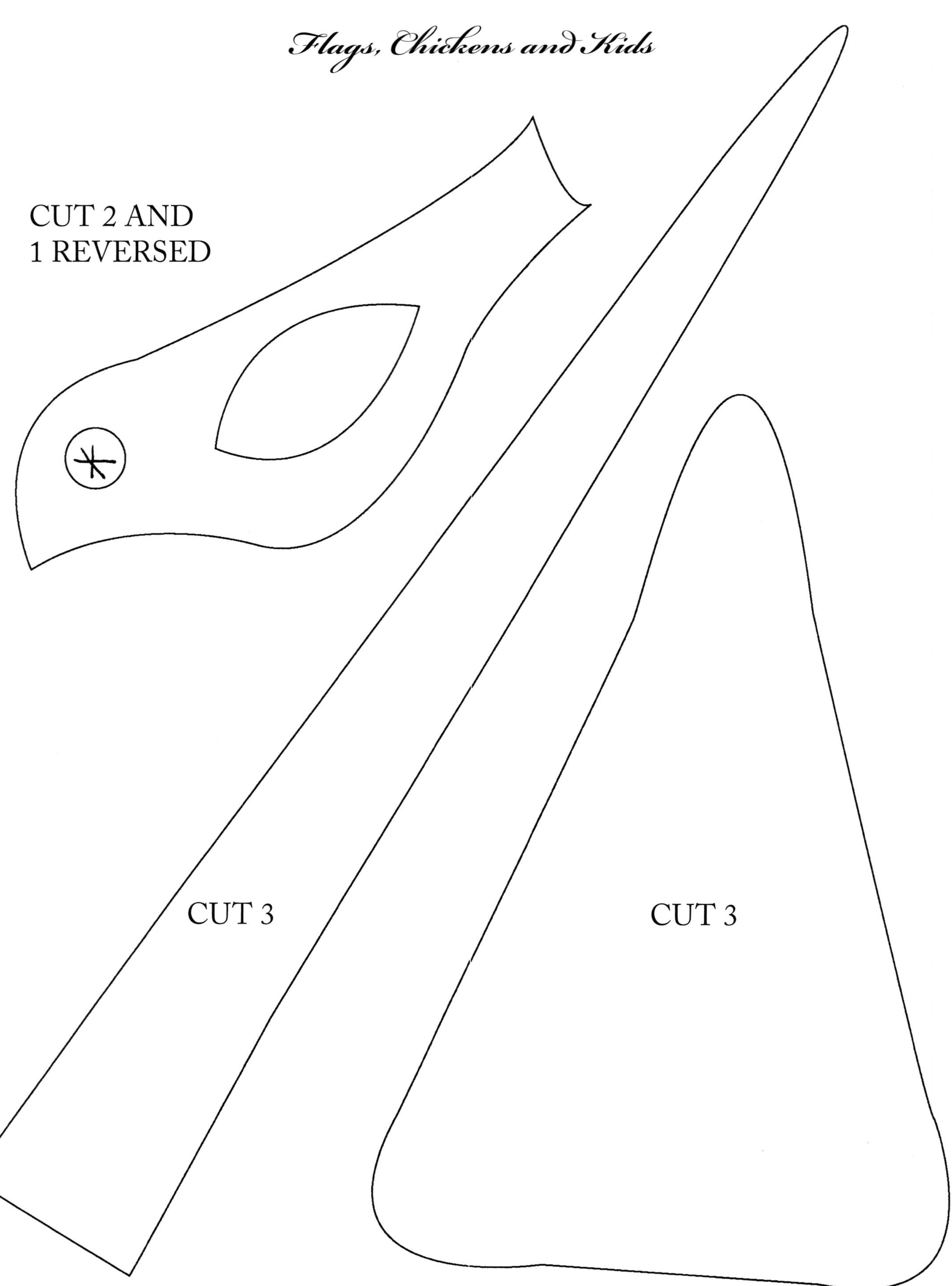
CUT 2 AND
1 REVERSED
CUT 3
CUT 3

Flags, Chickens and Kids

Continued from page 86.

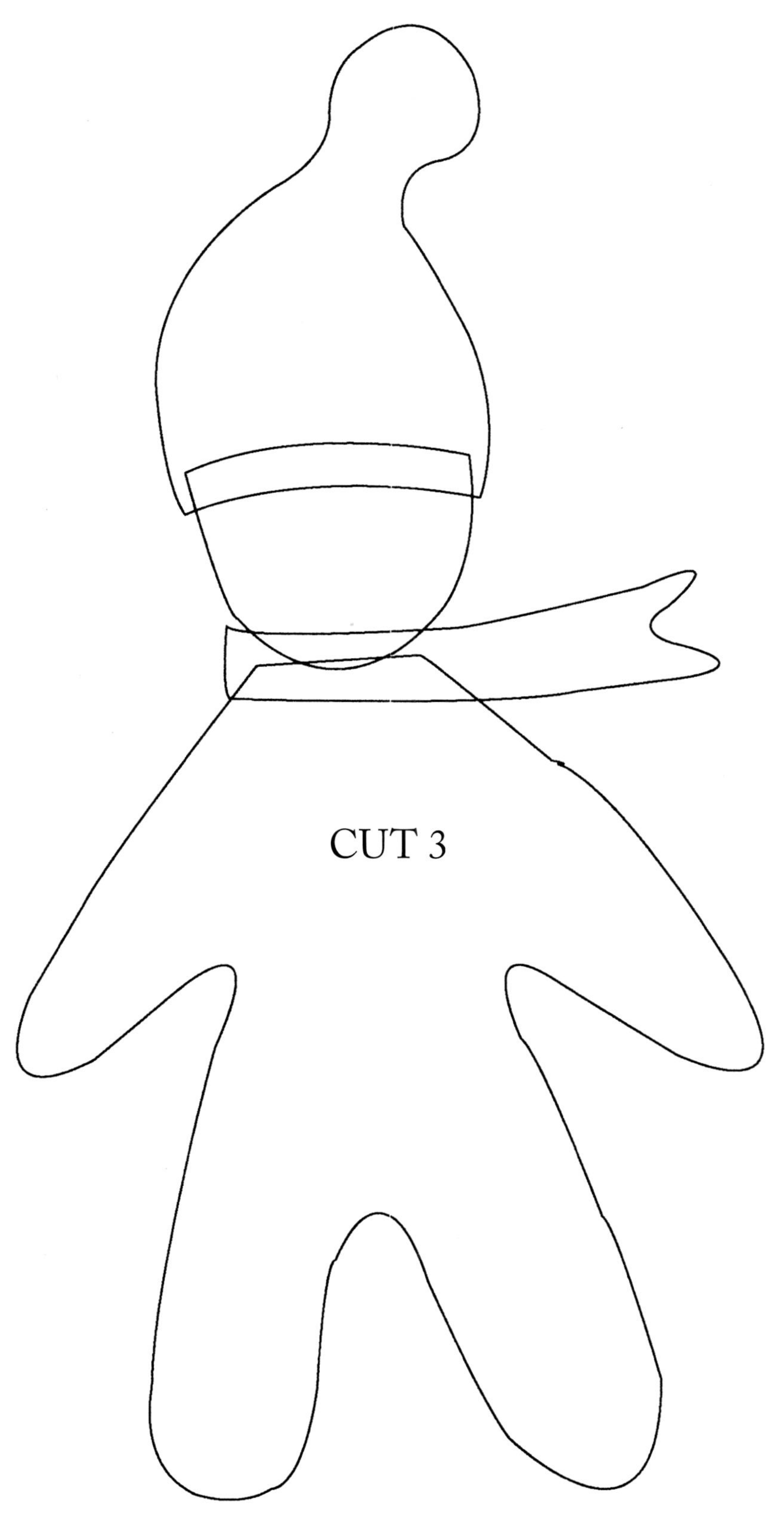

Flags, Chickens and Kids

Continued from page 87.

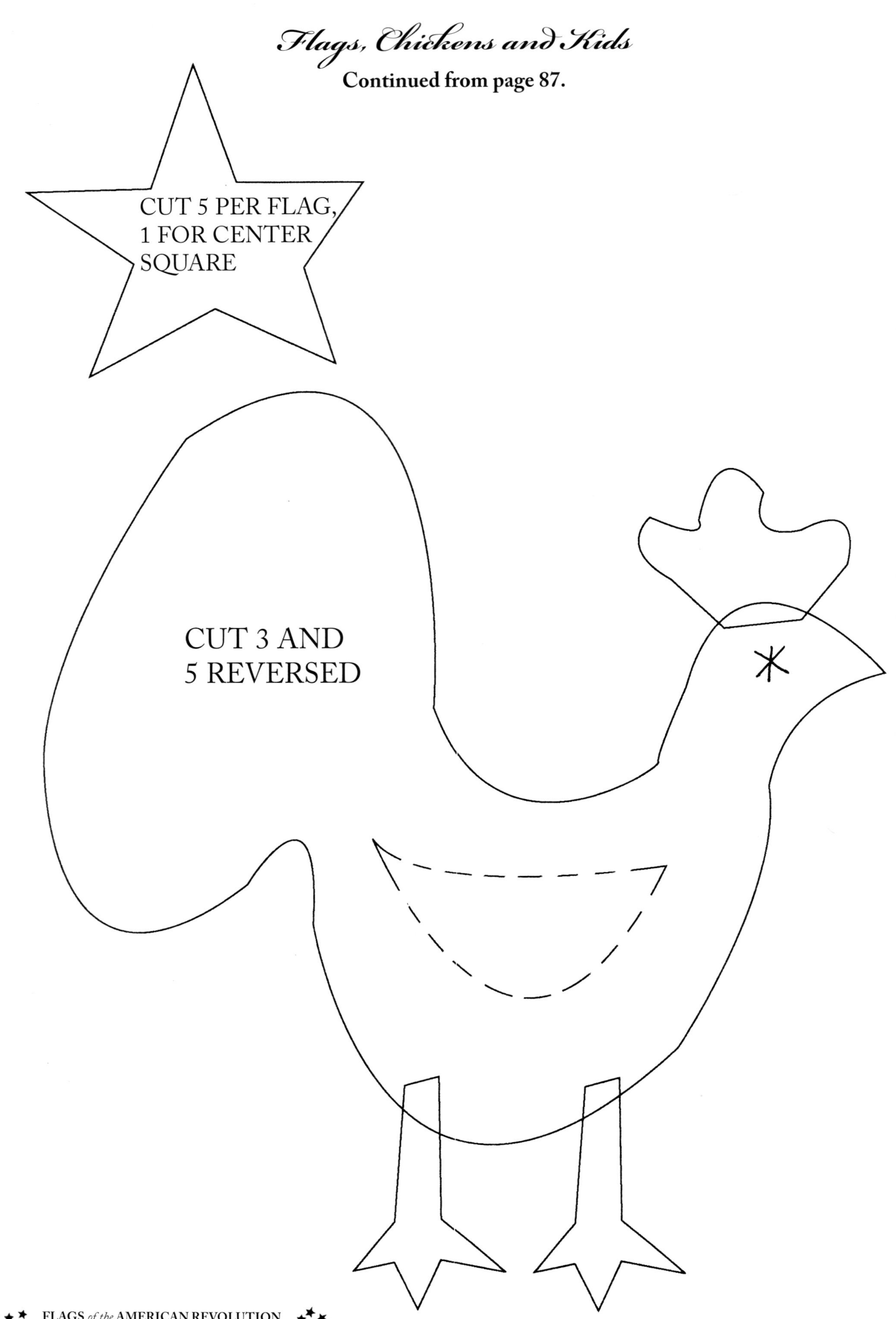

Flags, Chickens and Kids

Continued from page 88.

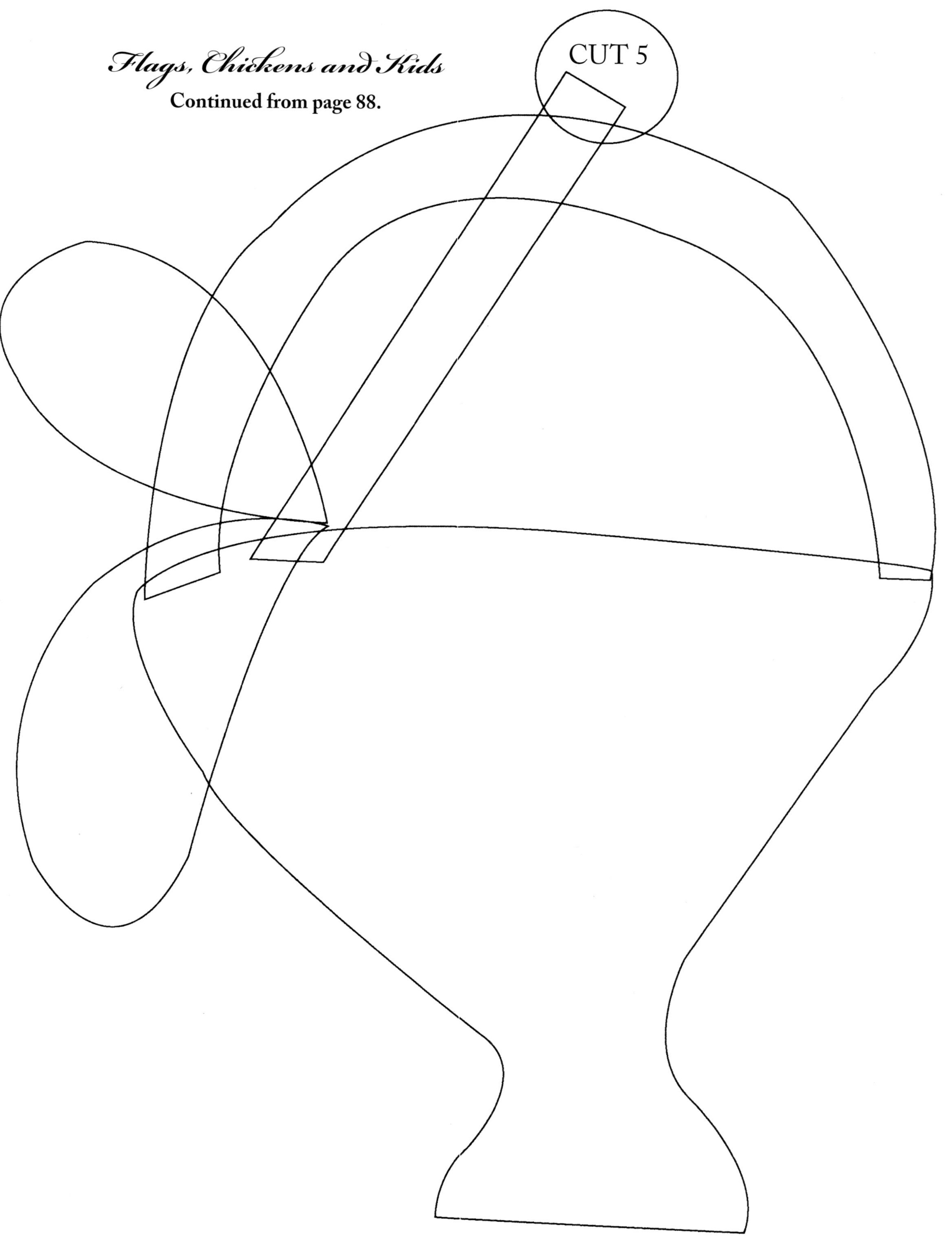

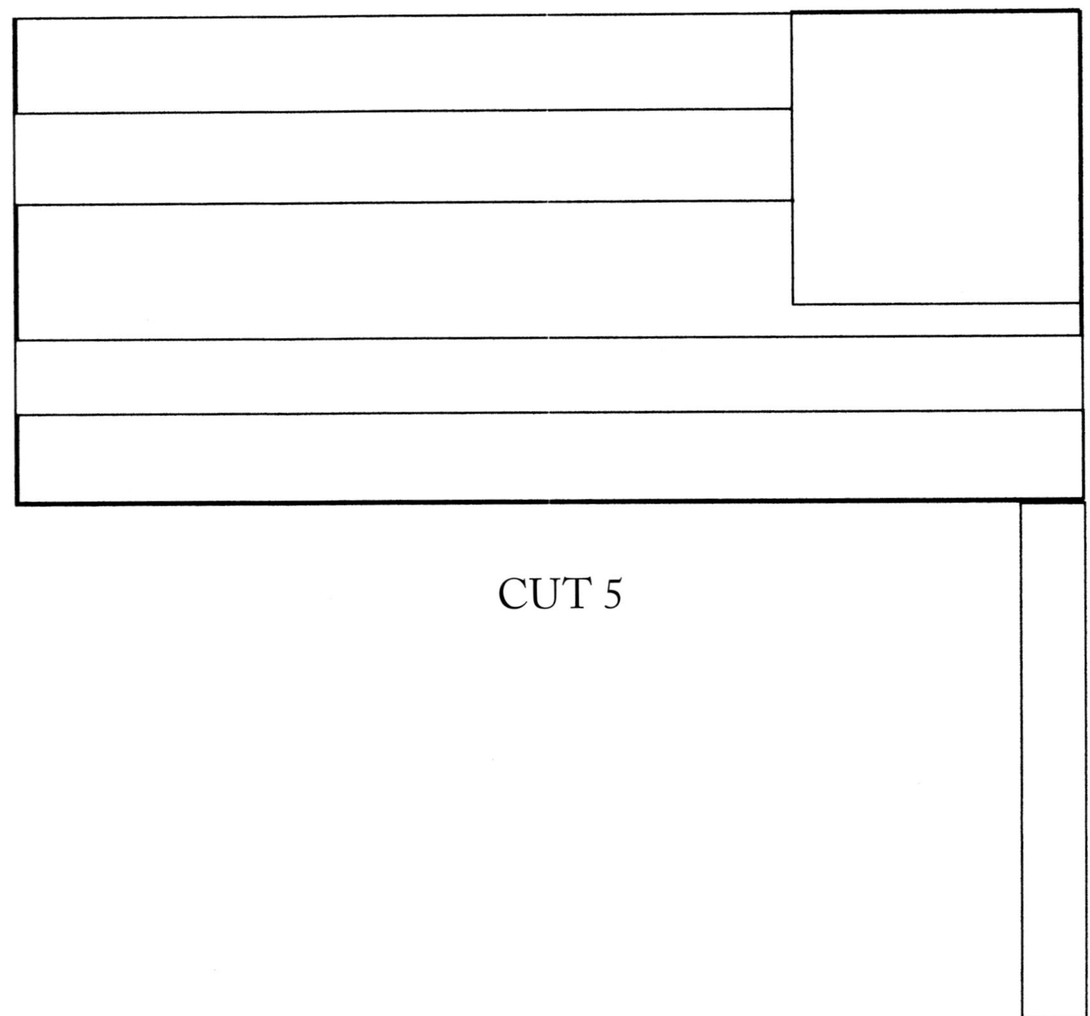
CUT 5

Jake's Eagles

Continued from page 90.

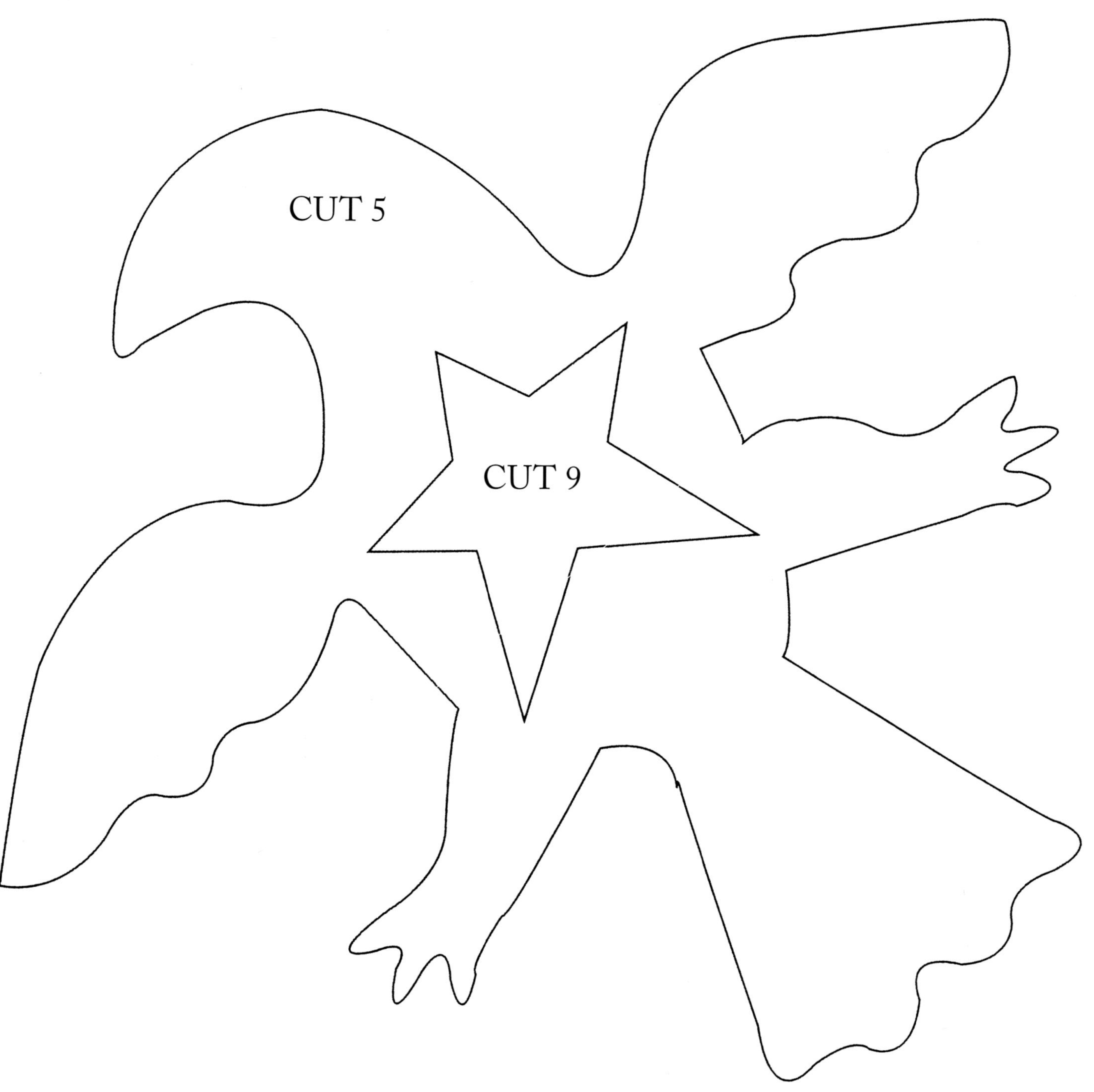

Star Coasters